Ute Hoffmann

Die kreative Text-Werkstatt

Die Autorin

Ute Hoffmann unterrichtete jahrelang in allen vier Jahrgangsstufen der Grundschule, bevor sie als Seminarrektorin die Ausbildung von Grundschulreferendarinnen und -referendaren übernahm. Seitdem hält sie auch Fortbildungsveranstaltungen für Lehrkräfte der Klassen 1 bis 4 in Deutsch, Mathematik, Pädagogik, Kunst- und Musikerziehung.

> Ideale sind wie Sterne.
> Du wirst sie nicht erreichen,
> aber du kannst dich an ihnen orientieren.

Gedruckt auf umweltbewusst gefertigtem, chlorfrei gebleichtem und alterungsbeständigem Papier.
Nach den seit 2006 amtlich gültigen Regelungen der Rechtschreibung

1. Auflage 2010
© Persen Verlag
AAP Lehrerfachverlage GmbH, Buxtehude
Alle Rechte vorbehalten

Das Werk und seine Teile sind urheberrechtlich geschützt. Jede Nutzung in anderen als den gesetzlich zugelassenen Fällen bedarf der vorherigen schriftlichen Einwilligung des Verlages.
Hinweis zu § 52 a UrhG: Weder das Werk noch seine Teile dürfen ohne eine solche Einwilligung eingescannt und in ein Netzwerk eingestellt werden. Dies gilt auch für Intranets von Schulen und sonstigen Bildungseinrichtungen.

Illustrationen: Sandra von Kunhardt
Satz: MouseDesign Medien AG, Zeven

ISBN 978-3-8344-**3266**-7

www.persen.de

Inhaltsverzeichnis

Infothek 5

Übersicht: Ziele, Hinweise, Anregungen und Verknüpfungen 6

A Um uns herum
1. Kinder • Ich bau mir ein Nest 52
2. Von der besten und der schlechtesten Sache der Welt 53
3. Für mich allein 54
4. Der wilde Garten • Der Auerhahn 55
5. Ganz neue Fische • Hört einmal zu! 56
6. AB 1: Um mich herum (Menschen, Tiere, Dinge aufschreiben oder malen) 57
7. AB 2: Nashornida (Lustige Namen und Geschichten dazu erfinden) 58
8. AB 3: Löwenzahn & Co. (Sach- und Fantasietexte verfassen) 59

B Glück und Leid erfahren
1. Das Märchen vom Glück 60
2. Glück • Was das Glück hindert 61
3. Hund und Katze 62
4. Drei Finken • Der Esel und das Pferd 63
5. AB 1: Kleeblatt (Bilderrätsel lösen, Sätze ergänzen) 64
6. AB 2: Der Tempel der tausend Spiegel (Einen Text weitererzählen oder umgestalten) .. 65
7. AB 3: Glückswabe (Eigene Beispiele zum Thema Glück finden) 66

C Angst haben – Mut schöpfen
1. Von dem Jungen, vor dem alle Angst hatten • Glühwürmchen 67
2. Angst • Der Eindringling 68
3. Tatanka, der kleine Indianer 69
4. Blacky und Bianca 70
5. AB 1: Der alte Fischer (Sätze in die richtige Reihenfolge bringen) 71
6. AB 2: Der Fuchs und die Gänse (Text und Rap) 72
7. AB 3: Die Vogelscheuche (Parallelgedicht schreiben) 73

D Armut und Reichtum kennenlernen
1. Kindergedicht • Über die Berge 74
2. Der Prinz sucht einen Freund 75
3. Der Glanz des Goldes • Von der Gans, die goldene Eier legte 76
4. AB 1: Der arme Schneider • Von der Stadtmaus und der Feldmaus
   (Zwei Texte entflechten) 77
5. AB 2: Vom Schlaraffenland (Selbst Schlaraffenland-Geschichten verfassen) ... 78
6. AB 3: Der Dieb (Über den Schluss hinaus erzählen) 79

E Sich streiten – sich versöhnen
1. Bissige Wörter • Friede • Warum sich Raben streiten 80
2. Herr Böse und Herr Streit • Das Echo 81
3. Der kranke Spatz 82
4. Streit der Wölfe 83
5. AB 1: Friedensblume (Wörter oder Beispiele einsetzen) 84
6. AB 2: Streit – aber nicht nur zwischen Menschen (Gespräche erfinden) 85
7. AB 3: Streitereien mit Humor (Schmunzelaufgaben für kluge Köpfe) 86
8. Lösungen zu AB 3 87

Inhaltsverzeichnis

F Anders sein – sich (ver)ändern
1. Der eine groß, der andere klein • Ohne Titel • Grau und rot 88
2. Die blaue Amsel • Elvira ist prima 89
3. Im Viertelland 90
4. AB 1: Wie uns die Zeit Veränderungen zeigt
   (Zeit sichtbar werden lassen, Bilderfolgen gestalten) 92
5. AB 2: Die Scholle (Eine Fortsetzung zum Märchen erzählen) 93

G Sich einfühlen – einander helfen
1. Das bin doch ich • Leute 94
2. Briefwechsel zwischen Erna und der Maus 95
3. Der alte Großvater und der Enkel • Die drei Söhne 96
4. AB 1: Der alte Sultan (Lückentext) 97
5. AB 2: Der alte Sultan (Sprechblasen) 98
6. AB 3: Der Hund und der Hahn (Einen passenden Schluss auswählen) 99

H Staunen, fragen und entdecken
1. Worüber wir staunen • Wunder • Warum, warum, warum 100
2. Wie viel ist ein Glas Honig wert? • Die Tagnachtlampe 101
3. H_2O • The River is Flowing 102
4. Der Regentropfen 103
5. AB 1: Papierschnipsel-Geschichte
   (Das Märchen vom Wassertropfen richtig zusammenlegen) 104
6. AB 2: Erstaunliche Tiere (Rekordverdächtiges bei Tieren) 105
7. AB 3: Nicht zu sehen und doch da! (Verborgenes erkennen) 106

I Träumen und wünschen
1. Der Träumer • Alle Kinder dieser Welt 107
2. Das Märchen von der roten Blumenblüte 108
3. Der kleine Fisch 109
4. Die drei Wünsche 110
5. AB 1: Die drei Wünsche (Bilder in die richtige Reihenfolge bringen) 111
6. AB 2: Der erfüllte Wunsch (Einen Comic zeichnen) 112

J Vom Leben auf unserer Erde
1. Ich weiß einen Stern • Kleine Erde 113
2. Letzte Warnung • Abendgebet der Tiere 114
3. Als die Tiere verschwanden 115
4. AB 1: Das Große Barriere-Riff (Sachtext für Leseprofis) 118
5. AB 2: Im Jahr 2030 (Ein Blick in die Zukunft) 119

K Kurze Zusatztexte
1. Kurze Zusatztexte zum Nachdenken und Innehalten I (Texte 1–5) 120
2. Kurze Zusatztexte zum Nachdenken und Innehalten II (Texte 6 und 7) 121
3. Kurze Zusatztexte zum Nachdenken und Innehalten III (Texte 8–11) 122
4. Kurze Zusatztexte zum Schmunzeln und Lachen I (Witze auf Deutsch und Englisch) 123
5. Kurze Zusatztexte zum Schmunzeln und Lachen II (Witze auf Deutsch und Englisch) 124

Quellenverzeichnis 125

Infothek

Die kreative Text-Werkstatt
kann als **Lehrerhandbuch**,
im **offenen Unterricht**,
im **Ganztagsunterricht**
und in **Vertretungsstunden** eingesetzt werden.

Sie bietet Ihnen:

- eine **Fülle an Texten** zu Themen wie **Glück, Armut, Angst, Staunen, Wünschen** …
- zu **jedem Text** vielfältige **Anregungen für den Unterricht**.
- **Arbeitsblätter** zu jedem Themenbereich, wobei die Arbeitsblätter ⊃ **A 6** (Um mich herum), ⊃ **B 7** (Glückswabe) und ⊃ **E 5** (Friedensblume) so konzipiert sind, dass sie für verschiedene Texte, Themen und Bereiche verwendet werden können.
- **fächerübergreifende Aspekte,** v. a. zu Ethik, Religion, Sozialkunde, Biologie, Umwelterziehung, Kunst, Musik und zum Sachunterricht.
- Hinweise auf mögliche **Aktionen und Projekte** und **weitere Lesetexte** zur jeweiligen Thematik.
- **Buchtipps** mit Empfehlungen zu Büchern, die zum Vorstellen und Vorlesen und als Klassenlektüre geeignet sind, außerdem Empfehlungen zu Bilderbüchern, die zum jeweiligen Thema passen und zur Gestaltung von eigenen Bilderbüchern oder Bildergeschichten anregen.

Erläuterung der Piktogramme

 Aufgabe

 Aufgabe mit Lösung

 Aufgabe für Profis

 Tipps und Tricks

Abkürzungen

AA:	Arbeitsauftrag	NU:	Nachmittagsunterricht
A/P:	Mögliche Aktionen/Projekte	OHP:	Overheadprojektor
DIFF:	Differenzierungsmöglichkeit	PA:	Partnerarbeit
EA:	Einzelarbeit	PG:	Partnergespräch
FA:	Freiarbeit	RG:	Rundgespräch
FÜA:	Fächerübergreifender Aspekt	TA:	Tafelanschrift
GA:	Gruppenarbeit	UG:	Unterrichtsgespräch
KG:	Kreisgespräch	WK:	Wortkarte/n

Übersicht: Ziele, Hinweise, Anregungen, Verknüpfungen

A Um uns herum

„Der Mensch wird am Du zum Ich." *(Martin Buber)*
„Die Welt ist schön, und es lohnt sich, für sie zu kämpfen." *(Ernest Hemingway)*

Ziele/Inhalte:
- Sich und andere in verschiedenen Gemeinschaften erleben
- Verantwortungsbewusstsein gegenüber Mensch, Natur und Umwelt aufbauen und zum sinnvollen Handeln angeregt werden
- Positive und negative Aspekte ein- und derselben „Sache" kennenlernen und hinterfragen

Weitere Texte: James Krüss: „Lied des Menschen", „Rabenkinder"; Martin Auer: „Zufall", „Über die Erde"; Hans Baumann: „Kinderhände"; Siegfried Gsell: „Ich und du"; Jürgen Spohn: „Ich"; Irmela Brender: „Wir"; Fredrik Vahle: „Gedicht vom Ich"; Martin Ripkens/Hans Stempel: „Wunschzettel"; Elberta H. Stone: „Ich bin froh, dass ich bin, wie ich bin"; Josef Guggenmos: „Was ist der Löwe von Beruf?"

Buchtipps: Ursula Wölfel: „Die grauen und die grünen Felder"; Leo Lionni: „Swimmy", „Pezzettino" (auch auf Englisch); Max Lucado: „Du bist einmalig"; Guido Kasmann: „Hexenmüll"; Boy Lornsen: „Jakobus Nimmersatt oder Pfoten weg vom Donnerwald"; Heinke Kilian: „Lene und die Pappelplatztiger"; Jörg Müller/Jörg Steiner: „Aufstand der Tiere oder Die neuen Stadtmusikanten"; Jörg Müller: „Alle Jahre wieder saust der Presslufthammer nieder"; Hans D. Dossenbach: „Achtung, ich bin giftig"; Nina Rauprich: „Lasst den Uhu leben"

Kunst: Friedensreich Hundertwasser: „Land der Menschen", „Grüne Stadt"; Keith Haring: (Figuren-)Bilder; Alexej von Jawlensky: „Abstrakter Kopf", „Das Wort", „Symphony in Rose", „Abend"; René Magritte: „Die große Familie"; James Rizzi: „Me painting me", „My turn next"; Gustav Klimt: „Der Lebensbaum"; Paul Klee: „Portrait eines Kindes"

Musik: Bettina Wegner: „Kinder"; Herbert Grönemeyer: „Kinder an die Macht"; Rolf Zuckowski: „Wir sind Kinder"; Lore Kleikamp/Detlev Jöcker: „Es geht mir gut"; Rolf Krenzer/Reinhard Horn: „Du bist mir fremd"

Hinweis: Die Kapitel ➲ **A** und ➲ **J** können gut miteinander verknüpft werden.

A1 Kinder

FÜA Unterschiede/Gemeinsamkeiten bei Menschen; Interkulturelle Erziehung
A/P Wir sind Kinder einer Erde
Anregungen
- Bei der Textdarbietung des ersten Teils können die Kinder auf ein Handzeichen hin den Textteil „sind nicht die einzigen Kinder auf der Erde" gleich mitsprechen; Partnerlesen des 2. Gedichtteils (AA: Mit einem Kringel vor der Zeile die nach Meinung der Kinder wichtigsten Zeilen des Gedichts markieren).
- Zum Text: Impulse oder TA „Weiße, gelbe … Kinder. Wir sind alle gleich!"; Schüleräußerungen; weitere Beispiele für Unterschiede und Gemeinsamkeiten bei den Menschen finden; Verstärkung und Identifikationsmöglichkeit durch die Wiederholung „Wir Kinder …" herstellen; Stabfiguren zum Gedicht basteln und beim Vortrag einsetzen.
- Was Kinder besser können als Erwachsene: sich streiten und sich gleich wieder versöhnen, mit ausländischen Kindern spielen, ohne die Sprache zu beherrschen …
- Provokation: „Wenn Kinder zu sagen hätten …"; Lied: „Kinder an die Macht" (Herbert Grönemeyer); Buch: „Kinder aus aller Welt". (Barnabas und Anabel Kindersley).
- „Ich-Bücher" gestalten: Dich und mich gibt es

Übersicht: Ziele, Hinweise, Anregungen, Verknüpfungen

nur einmal; jeder hat Stärken und Schwächen, Rechte und Pflichten; Selbstbildnis; Lieblingsbuch, -farbe, -sportler, -lied, -band …

DIFF/FA/NU
- „Muttertag" von Rosemarie Neie (Von allen Müttern auf der Welt …) in Prosa oder in Gedichtform umschreiben: Von allen Kindern, Vätern, Freunden, Menschen, Sportlern auf der Welt.

Verknüpfungen
- ⊃ **E** (Sich streiten – sich versöhnen), **F** (Anders sein …), **J** (Vom Leben auf unserer Erde); ⊃ **D 1** (Kindergedicht; Über die Berge); ⊃ **I 1** (Alle Kinder dieser Welt); ⊃ **K** (Text 1 und 2)

A1 Ich bau mir ein Nest

FÜA Suche nach Geborgenheit; Lärm und Hektik in unserer Zeit

Anregungen
- Nur die Überschrift nennen; Vermutungen der Kinder (Amsel, Spatz …); Info: Ein Kind baut sich ein Nest; sich eine Vorgeschichte ausdenken; Gesprächskette: Wo könnte das sein? Wie sieht es aus? Baut es sich ein Lager drinnen oder draußen? Baut es sich ein Nest in seinen Gedanken?
- Textbegegnung: Ein Kind spricht immer die ersten beiden Zeilen, die dritte Zeile dann alle im Chor.
- Zum Text: Von persönlichen Erlebnissen erzählen. Ob alle Menschen so ein Nest brauchen? (Wenn ja, warum?); die „Nester" verschiedener Menschen schildern und dabei alle Sinne mit einbeziehen; ein Fantasienest gestalten; sich ein eigenes Nest vorstellen und von dort aus auf Fantasiereisen gehen.
- Beim Gedichtvortrag die Geräusche mit der Stimme und einfachen Instrumenten umsetzen und einbauen.
- RG: Lärmvermeidung, wie ist das möglich?
- Ein ähnliches Gedicht (auch ohne Reim und Versmaß) schreiben, wobei die Anzahl der Strophen freigestellt ist.
- Beim AB 1 Überschrift und AA ändern und zur Veranschaulichung einsetzen: in der Mitte ein Nest, zu den Strahlen die Lärmerzeuger, in Worten oder Bildern außen herum weitere Dinge, die Geräusche erzeugen, sowie Menschen und Tiere, die Ruhe brauchen.
- Text von Hans A. Halbey „Kommt ein Tag in die Stadt" einbeziehen.
- Bild: „Regenbogenhaus" von Friedensreich Hundertwasser.

DIFF/FA/NU
- Beim Malen von Mandalas zur Ruhe kommen.

Verknüpfungen s. o. (Kinder)

A2 Von der besten und der schlechtesten Sache der Welt

A/P Die Macht der Worte (Wie man mit ihnen andere loben, ermutigen, unterstützen, erfreuen …, aber auch kränken, entmutigen, vernichten … kann)

Anregungen
- Das Beste auf der Welt, das Schlechteste … rechts und links auf die Tafel, eine Folie, ein Plakat oder auf ein Blatt für eine Schülergruppe schreiben; konkrete Beispiele der Schüler hinzufügen.
- Abschnittweise Textdarbietung mit jeweiligen Schülerantizipationen.
- PG: Gutes/Schlechtes „per Zunge" (Unterstützen, Verleumden, Gerüchte in die Welt setzen).
- Was wäre, wenn es die Menschen nie gelernt hätten, miteinander zu sprechen?
- Gedankenspiel zum Thema „Gerücht": Stelle dir vor, dass du Federn aus einem Kissen in die Luft schüttelst. Später möchtest du sie wieder einsammeln. Ob das geht? Genauso ist es bei einem Gerücht: Jemand erzählt etwas über einen anderen Menschen. Nachher tut es ihm leid und er möchte es zurücknehmen …
- Ausweitung auf Erfindungen wie Auto, Flugzeug …, Öl, Kunststoff …: Vor- und Nachteile, Hilfe und Gefahr, Segen oder Fluch für die Menschen.

Übersicht: Ziele, Hinweise, Anregungen, Verknüpfungen

- Selbst eine kleine Weisheitsgeschichte erfinden: Ein kluger Mann oder eine kluge Frau wird nach der besten bzw. schlechtesten Sache gefragt; Antwort (die Hand, der Verstand …), dazu je drei konkrete Beispiele suchen.
- Einen eigenen Text schreiben: „Orula, der neue Herrscher der Welt"; Wie stellst du dir Obatalah und Orula vor (Personenbeschreibung)?

DIFF/FA/NU
- Die eigene Hand mit einem Stift umfahren und hineinschreiben, was Hände (im positiven und negativen Sinn) alles können: helfen, streicheln, drohen, winken, zupacken, schlagen …

Verknüpfungen
- ⊃ **E 1** (Bissige Wörter); zum Thema „Zunge" (auf humorvolle Art) ⊃ **E 2** (Das Echo); ⊃ **E 7** (Streitereien mit Humor)

A3 Für mich allein

FÜA Miteinander leben; Biologie (Bestäubung)

Anregungen
- Situationsschilderung (Herr Graps kauft sich ein schönes Haus mit einem Garten und vielen Obstbäumen. Dann schreibt er mit großen Buchstaben an seine Hauswand: „Für mich allein"); Stellungnahmen der Schülerinnen und Schüler; Text von „Alles, was der lange Zaun umschloss" bis „über jeden Zweig, der Blütenknospen trug, ein Häubchen" vorlesen; die Kinder äußern sich dazu.
- Den restlichen Text selbstständig erlesen und wörtliche Reden und Gedanken dazu erfinden.
- Sprachgefühl: Warum hat der Dichter dem Mann wohl den Namen Graps gegeben? Es gibt den Ausdruck „sich abschirmen" …; den wichtigsten Satz unterstreichen; die Hauptaussage übertragen (konkrete Beispiele dafür suchen, dass ein Mensch nicht ohne andere Menschen leben kann; warum es allein nicht so schön ist und gemeinsam vieles besser geht; wie man Fehler zugeben kann); die Handlung an einen anderen Ort versetzen.
- Auf einen alten Handschuh das Gesicht eines Mannes kleben und die Geschichte aus der Sicht von Herrn Graps erzählen; Text vorspielen oder in eine Bildergeschichte umsetzen.
- RG: Natur und Umwelt, Lebensgrundlage für alle Lebewesen.
- In Kunst das Thema „Der verhüllte Baum" stellen, Umsetzung sowie die Wahl der Technik und der Gestaltungsmittel den Schülern überlassen (als Vorgestaltung auch vor der Textbegegnung möglich).

DIFF/FA/NU
- Sätze schreiben: Was die Bienen Herrn Graps vorwerfen.

Verknüpfungen
- ⊃ **E 2** (Herr Böse …), **H 1** (Wunder), **H 2** (Wie viel ist ein Glas Honig wert?); ⊃ **K** (Text 3)

A4 Der wilde Garten

FÜA Nachbarschaft; Naturschutz

Anregungen
- Mit einer Fantasiereise vor den Augen der Kinder zwei Bilder von ganz unterschiedlichen Gärten entstehen lassen: der wilde (lebendige) und der ordentliche (tote) Garten; die Kinder äußern sich dazu.
- Text selbstständig erlesen.
- Ironie im letzten Satz aufspüren; herausstellen, warum Kinder viel lieber in Tante Irmas Garten spielen; Monolog erfinden: Was der Sohn seinem Vater, Herrn Krause, zu sagen hat (oder gemeinsam einen Brief an Herrn Krause schreiben).
- Meinungen sammeln: Für mich ist ein Garten schön, wenn …
- Gesprächskette: Wenn immer mehr Tiere und Pflanzen vernichtet werden oder aussterben …
- Gedankenspiel: Stelle dir einen riesengroßen Turm vor, der tief in der Erde verankert ist und aus vielen winzig kleinen Steinen besteht. Jeder Stein steht für eine Tierart, egal, ob es sich dabei um große oder kleine Tiere handelt. Nun bröckelt ein Stein aus dem Turm heraus, dann zwei, dann drei. Das ist zunächst einmal überhaupt nicht schlimm. Auch nicht, wenn es schon zwanzig oder dreißig sind, denn der Turm steht fest da. Aber …

Übersicht: Ziele, Hinweise, Anregungen, Verknüpfungen

- Präsentation im Schulgebäude: Von der Schädlingsbekämpfung im Garten bis hin zur Veränderung ganzer Landschaften (oder: Wie Menschen in die Natur eingreifen).
- Die Texte „Garten" von Georg Bydlinski, „Der Baum" von Eugen Roth und „Auf der bunten Wiese" von Alfons Schweiggert einbeziehen.
- Kunst: „Der wilde Garten" (in Grüntönen gestalten und/oder auch grafisch mit unterschiedlich dicken Stiften durch Formen, Linien und Muster umsetzen).
- Bilder: „Das große Rasenstück" von Albrecht Dürer, „Wachstum in einem alten Garten" und „Blumen in Stein" von Paul Klee, „Garten I bis IV" von Marc Chagall, „Blumen im Garten" von August Macke, „Garten in Argenteuil" von Claude Monet.

DIFF/FA/NU
- „Ein Baum erzählt" (Erlebnisse: Sturm, eiskalter Winter, Tiere zu Besuch, Erwachen der Knospen, heißer Sommer …).
- Wissensfragen formulieren: Weißt du schon, dass eine Buche am Tag bis zu 9000 Liter Sauerstoff produziert und das für 50 Menschen reicht? Weißt du schon, dass …?

Verknüpfungen
- ⊃ **E 2** (Herr Böse …), **H 1** (Wunder; Warum …), **H 2** (Wie viel ist ein Glas Honig wert?); ⊃ **K** (Text 3–5)

A4 Der Auerhahn

FÜA Natur und Technik (Vogelflügel, Flugzeugflügel)

Anregungen
- Hinführung über die Provokation: „Gut, dass immer wieder Straßen gebaut werden! Schlimm, dass immer wieder …!"; Stellungnahmen der Kinder dazu; PG: Pro-und-Kontra-Gespräche.
- Strophen in falscher Reihenfolge präsentieren.
- Über einzelne Textstellen besonders nachdenken, z. B. „lebte ein Auerhahn alle Zeit", „kommt nie wieder in Ewigkeit" oder „musste eine Straße her … für den Fremdenverkehr".
- Thema „Straßenbau": Argumente dafür und dagegen sammeln; dazu eine Gemeinde- oder Stadtratssitzung simulieren oder Leserbriefe verfassen.
- Weitere Beispiele sammeln: Wie Menschen durch den Bau von Straßen, Häusern, Flughäfen, Stadien die Natur zerstören.
- Klage des Auerhahns formulieren: „Gerne wäre ich in euren Bergen geblieben, aber …"; Worte, Gedanken und Gefühle des Auerhahns erfinden und dann den Text selbstständig – in Anlehnung an das Buch „Der Maulwurf Grabowski" von Luis Murschetz – in ein Bilderbuch oder Leporello umsetzen.
- Erzählen oder schreiben zu: „Der Traum des Auerhahns"; den Text auf andere Tierarten übertragen; PG: Wenn ich ein Tier wäre, wäre ich gern ein/eine …, weil …
- Ausstellungen initiieren zu Themen wie „Helft den Vögeln, leben zu können!" (Schmetterlingen, Fledermäusen …), „Das ist ihr Schicksal", „Lebensraum Alpen" (Wattenmeer, Wasser, Wald, Hecke).

DIFF/FA/NU
- Was die Menschen der Natur abgeschaut haben (Fallschirm, Flugapparate …).

Verknüpfungen
- ⊃ **A 5** (Ganz neue Fische; Hört einmal zu!), **J 2** (Letzte Warnung; Abendgebet der Tiere), **J 3** (Als die Tiere verschwanden); ⊃ **K** (Text 3)

A5 Ganz neue Fische

FÜA Einsatz für die gefährdete Natur und die bedrohte Umwelt

Anregungen
- Überschrift und die ersten beiden Sätze von einem Kind vorlesen lassen, die anderen äußern Vermutungen.
- Stilles Erlesen.
- Provokation: „Das sind lustige Fische!"; PG: Erwin Grosche bringt uns zum Lachen, zum Nachdenken, macht uns traurig; die Absicht des Autors herausfinden: auf humorvolle und eindrucksvolle Weise auf die Müllproblematik

Übersicht: Ziele, Hinweise, Anregungen, Verknüpfungen

aufmerksam machen; Augen schließen und sich die Fische bildhaft vorstellen (Coladose mit Flossen und Schwanz); GA: Überlegen, welcher Müll noch ins Wasser geworfen wird (Apfelsinenschale, Plastikbox, Flasche); weitere Fische (und andere Tiere) erfinden; Adjektive aus dem Text übernehmen und sich andere (auch Farben und Eigenschaften) ausdenken.
- Ausweitung auf die Müllentsorgung im Wald („Ganz neue Pilze" …).
- Bach, Fluss, Meer, Hecke, Wiese, Wald … schreiben einen Brief oder eine E-Mail und versenden sie an die Menschen: „Ihr braucht mich unbedingt, weil … Aber es ist nicht mehr auszuhalten, denn …"
- Sich, wie es z. B. die Stadt Hamburg gemacht hat, lustige Slogans für die Mülleimer ausdenken („Bin für jeden Dreck zu haben", „Bitte füttern", „Ich fühl mich so leer") und in Sprechblasen schreiben; dazu Augen aufkleben und auf die Mülleimer in der Klasse und in der Schule kleben.
- Lied: „Müllschlucker Paul" (Rudolf Otto Wiemer/Wilhelm Keller).
- Kunst: Verpackungen, Schachteln, Kronkorken, Papierrollen zu Fantasiefiguren zusammensetzen.
- Texte: „Plastiktütengedicht" und „Blechbüchsengedicht" von Walter Hohenester sowie „Besuch bei den Forellen" und „Abfallverwertung" von Josef Guggenmos einbeziehen.

DIFF/FA/NU
- Gedicht in eine besondere Fischform kleben.
- Die im Gedicht angegebenen Fische auf Papier oder Pappe malen oder zeichnen; sich Gespräche zwischen verschiedenen Fischen ausdenken und vorspielen.

Verknüpfungen
- ⊃ **A 4** (Der Auerhahn), **A 5** (Hört einmal zu!), **J 2** (Letzte Warnung; Abendgebet der Tiere), **J 3** (Als die Tiere verschwanden); ⊃ **K** (Text 3, 6, 7 und 10)

A5 Hört einmal zu!

A/P Thema der Woche (Müllvermeidung, Müllverwertung)

Anregungen
- Bild einer Kuh mit Sprechblase; PG: Wenn eine Kuh, ein Schaf und ein Pferd reden könnten, was würden sie wohl sagen, wenn immer wieder Müll auf ihre Wiese geworfen wird?
- Gedicht als Prosatext präsentieren; in PA die Gedichtform herstellen; Partnerlesen.
- UG: Wie wenig die Kuh braucht – was sie den Menschen alles gibt; nicht einmal „Muh" sagen: Was soll das ausdrücken?
- Überschrift, Struktur und Textpassagen übernehmen und auf andere Tiere oder Pflanzen übertragen; Bericht der Kuh erfinden: Wie sich ein kleines Tier (Schnecke, Wurm) an einer Dose verletzt hat, an einem Kaugummi kleben blieb und …; PA: Lisas oder Dirks Interview mit der Kuh.
- GA: Prosatexte, Gedichte mit oder ohne Reim zu Pferd, Schaf, Hase auf der Wiese oder zu einem anderen Lebensraum schreiben.
- Dokumentation erstellen: Umweltverschmutzung auf der Wiese, im Wald, im Schulhaus, im Ort; Abfälle sammeln (Wiese, Waldweg, Bushäuschen, Pausenhof); Müllmenge nach nur einer Woche.
- Aus Alt mach Neu („Ich war einmal eine Plastikflasche", neue Schuhe aus alten Sohlen …).
- Zum Nachdenken: optimales Recycling in der Natur durch Würmer, Ameisen, Pilze …; Recycling ist nicht immer sinnvoll (Wasser- und Stromverbrauch bei der Aufbereitung); Kinder, die vom Müllsammeln leben.

DIFF/FA/NU
- Fantasiegeschichten erfinden: „Die Kühe fassen einen Plan", „Der Traum der Kuh", „Eine Plastikflasche erzählt", „Ein Streit zwischen einer Plastik- und einer Glasflasche"

Verknüpfungen
- s. o. (Ganz neue Fische)

Übersicht: Ziele, Hinweise, Anregungen, Verknüpfungen

Zu den Arbeitsblättern

A6/AB 1 — Um mich herum

- Überschrift und AA ändern, dann ist dieses AB vielseitig einsetzbar, z. B. zu ➲ **A 1** (Ich bau mir ein Nest), **A 7** (Nashornida: lustige Tiernamen aufschreiben), **D 1** (Kindergedicht: Was viele Kinder haben/nicht haben), **F 3** (Im Viertelland: Beispiele zu den Ländern), **G 1** (Leute), aber auch zu Themen wie Staunen, Träumen … oder Städte in der Umgebung, Länder, Planeten … oder einfach zur Anordnung von Wörtern in verschiedenen Sprachen.

A7/AB 2 — Nashornida

- Sehnsucht nach Reisen in fremde Länder thematisieren; von eigenen Reisen erzählen; das Gedicht in Bilder umsetzen; die Thematik auf Pflanzen übertragen: lustige Pflanzennamen erfinden und dazu kurze Texte schreiben.

A8/AB 3 — Löwenzahn & Co.

- Die Kinder verteilen sich nach ihrem Interesse auf drei Gruppen: 1. Verfassen von Sachtexten, 2. Gestalten von Bilderrätseln (ausschneiden, Lösung auf die Rückseite schreiben, laminieren), 3. Fantasietexte erfinden.
- Steckbriefe oder ein Themenbuch zu Pflanzen erstellen und zum Lesen im Klassenzimmer auslegen.

B — Glück und Leid erfahren

Das Glück ist ein Mosaik, das aus so vielen Teilen zusammengesetzt ist, dass immer mindestens eines fehlt.

„Viele Menschen wissen, dass sie unglücklich sind. Aber noch mehr Menschen wissen nicht, dass sie glücklich sind." *(Albert Schweitzer)*

Ziele/Inhalte:
- Zum Ausdruck bringen, dass Glück und Leid zum Leben gehören
- Glück und (kleine) Freuden bewusst erleben
- Herausfinden, wodurch Glück zerstört werden kann und dass Unterstützung und Hilfe in Zeiten der Not besonders wichtig sind

Weitere Texte: Wolf Harranth: „Ich hab was für dich"; Brüder Grimm: „Hans im Glück"; Elberta H. Stone: „Ich bin froh, dass ich bin, wie ich bin"; Christine Nöstlinger: „Rechenaufgabe unter Tränen"; Jürgen Spohn: „Was"; Ingrid Lissow: „Glück"; Lutz Rathenow: „Ich freu mich"; Ingrid Annel: „Vom Glück"; Nanna Reiter: „Jimmys gelbe Blume"; Hermann Hesse: „Traurigkeit"

Buchtipps: Jutta Bauer: „Selma"; Nadine Brun-Cosme/Olivier Tallec: „Großer Wolf und kleiner Wolf"; Friedrich K. Waechter: „Der rote Wolf"; Kate DiCamillo: „Die wundersame Reise des Edward Tulane"

Zum Thema „Tod": Isabel Abedi/Miriam Cordes: „Abschied von Opa Elefant"; Marit Kaldhol/Wenche Oyen: „Abschied von Rune"; Elfie Donnelly: „Servus Opa, sagte ich leise"; Hermann Schulz: „Wie man dem Tod ein Schnippchen schlägt"; Inger Hermann/Carme Sole-Vendrell: „Du wirst immer bei mir sein"; Informationen auch durch das Zentrum für trauernde Kinder e. V. („Trauerland"): www.trauernde-kinder.de

Übersicht: Ziele, Hinweise, Anregungen, Verknüpfungen

Kunst:
- Zum Thema „Glück" und/oder „Leid" Drippingbilder (nach Jackson Pollock) gestalten.
- Freude durch die (Nach-)Gestaltung von Keith-Haring-Figuren ausdrücken.
- Bilder: Robert Delaunay: „Rhythmus, Lebensfreude"; Friedensreich Hundertwasser: „Le Mal et le Bien"; Ausschnitte aus Pablo Picassos: „Guernica"; James Rizzi: „To be a kid again"; Paul Klee: „Es Weint"

Musik:
- Lieder: Detlev Jöcker: „Ich schenk dir einen Sonnenstrahl"; Klaus W. Hoffmann: „Wenn ich glücklich bin"; „If you're happy" (Text und Melodie aus den USA); Eric Clapton: „Tears in Heaven"; Bobby McFerrin: „Don't worry be happy"; Peter Maffay: „Über sieben Brücken musst du gehn"
- Frederic Chopin: „Trauermarsch"; Trauermarsch aus der 5. Sinfonie von Gustav Mahler; 5. Sinfonie („Schicksalssinfonie") und 2. Satz „Marcia funebre" aus der 3. Sinfonie („Eroica") von Ludwig van Beethoven; Edvard Grieg: „Valse triste"
- Einfache Melodien in Dur und Moll nachsingen oder spielen.
- Tanzen als Ausdruck von Freude erleben.

Film: Slumdog Millionaire (Danny Boyle); Die Geschichte vom weinenden Kamel (Byambasuren Davaa)

Mit den Schülerinnen und Schülern über das Thema „Glück" nachdenken:
Wunschlos glücklich zu sein, gibt es das überhaupt? Kann oder muss man selbst etwas tun? Macht Geld glücklich? Sind Reiche glücklicher als Arme? Können Arme glücklich und Reiche unglücklich sein? Kann man Glück kaufen? Können Geld und Erfolg allein glücklich machen? Sind Kinder in anderen Ländern glücklicher? Kann man immerzu glücklich sein? Warum sind Erwachsene in bestimmten Ländern glücklicher als die in anderen Ländern? Ist Lachen wirklich gesund?

„Glück" ist ein Thema, über das sich die Menschen seit Jahrhunderten die Köpfe zerbrechen und zu dem es unzählige Bücher, Ratgeber, Aussagen und Untersuchungen gibt. Dazu ein paar Beispiele:
- „Streben nach Glück ist der Sinn des Lebens"; „Wenn ein Mensch nur glücklich sein wollte, wäre das nicht so schwer. Aber er will glücklicher als andere sein und das ist schwer, denn wir stellen uns die anderen glücklicher vor, als sie sind." (Montaigne, 1533–1592)
- Laut einer Studie aus den USA sind die Lottogewinner ein halbes Jahr nach dem Geldsegen nicht glücklicher als andere Menschen; obwohl wir in Deutschland insgesamt reicher sind als noch vor 30 Jahren, sind wir nicht glücklicher.
- Sich mit anderen zu vergleichen, denen es anscheinend besser geht, macht nicht glücklich, sich mit denen zu vergleichen, denen es schlechter geht, hilft nur für kurze Zeit; für Arme bedeutet ein Zugewinn an Geld immer auch ein mehr an Glück, für Reiche gilt das kaum noch; insgesamt gesehen sind Menschen in reichen Ländern glücklicher als in armen; die Zufriedenheit ist von Kultur zu Kultur, von Land zu Land unterschiedlich; die Deutschen landen bei der Frage nach Zufriedenheit im ersten Drittel der Länderskala, bei der Frage nach Glück im letzten, weil Zufriedenheit auf den Verstand, Glück auf das Gefühl zielt.

Zum Thema „Leid":
- Warum müssen Menschen und Tiere sterben? Warum gibt es Leid, Unglücke, Krankheiten, Katastrophen? Warum hungern Menschen?
- A/P: Glück und Leid gehören zum Leben (Zeitungsausschnitte aus aller Welt sammeln und präsentieren)

Übersicht: Ziele, Hinweise, Anregungen, Verknüpfungen

B1 Das Märchen vom Glück

FÜA Der Mensch auf der immerwährenden Suche nach dem Glück

Anregungen
- Lehrervortrag bis „beim Teufel in der Hölle"; Antizipationen; gute Leser lesen den gesamten Text, langsame den restlichen; wörtliche Reden markieren; passend zur Textstelle vorwurfsvoll, wütend … vorlesen; Text mit verteilten Rollen lesen.
- Gesprächsketten mit Stellungnahmen, dabei unterschiedliche Meinungen akzeptieren: Wer war der alte Mann? Warum hat der Erzähler seinen letzten Wunsch wohl nie ausgesprochen? War das gut oder schlecht für ihn? War er nun glücklich? Hat er es wirklich bereut, den zweiten Wunsch ausgesprochen zu haben?
- Pro-und-Kontra-Gespräch: Wünsche sind nur gut, solange man sie vor sich hat; War es richtig, den letzten Wunsch nie auszusprechen?
- Wenn alle Menschen sich alles wünschen könnten; wenn nur ein Mensch oder nur einige Menschen wünschen könnten; wenn immer alles in Erfüllung ginge …
- Beispiele für voreilig oder unbedacht ausgesprochene Wünsche und deren Folgen formulieren.
- Kettengespräch: „Wenn ich drei Wünsche hätte, würde ich …, weil …"; dazu positive und negative Auswirkungen formulieren.
- „Glück bedeutet für mich, dass ich/wir …, dass es auf der Welt …" (Cluster oder Mindmap erstellen).
- Das Märchen von der Wünschwurzel, der Wunschkette, dem Wunschglöckchen erzählen.
- Sich zu folgendem Schluss eine Geschichte ausdenken: Meine drei Wünsche waren erfüllt worden. Als ich am nächsten Tag durch die Stadt ging, sah ich, dass meine Schule meinen Namen trug.

DIFF/FA/NU
- Texte und Kinderbücher von Erich Kästner lesen und vorstellen.
- Das Märchen „Vom Fischer und seiner Frau" einbeziehen.

Verknüpfungen
- ⊃ B 2 (Glück), I 2 (Das Märchen von der roten Blumenblüte), I 3 (Der kleine Fisch); ⊃ I 6 (Der erfüllte Wunsch); ⊃ K (Text 9)

B2 Glück

A/P Glück ganz bewusst wahrnehmen

Anregungen
- Brainstorming zum Thema „Glück".
- 6 Kinder tragen je eine Strophe des Gedichts vor; Spontanäußerungen der anderen; selbstständiges Erlesen (AA: Markiere die Beispiele, die dir besonders gut gefallen); später vorlesen; herausstellen, dass Brentano alltägliche Dinge nennt; eine besonders wichtige Strophe finden (letzte Strophe besprechen); improvisieren und einfache Melodien per Stimme oder mit Instrumenten zum Text singen oder spielen; in GA weitere Beispiele für Momente des Glücks (beim Sehen, Fühlen, Hören …) aufschreiben.
- Kreatives Schreiben: Ich bin glücklich, weil…/Glück ist für mich …/Glück ist …; Cluster zum Thema „Traurig sein"; Treppengedichte schreiben: Ich/Ich freue/Ich freue mich/Ich freue mich, wenn … oder: Ich/Ich bin/Ich bin traurig/Ich bin traurig, weil …
- Ein „Glücks-Tagebuch" führen und Glücksmomente aufschreiben; ein Video zu alltäglichen Dingen, die glücklich machen können, drehen.
- KG: Sprichwort „Scherben bringen Glück" („Broken crockery brings you luck").

DIFF/FA/NU
- Einen Glücks- und einen Kummerkasten für das Klassenzimmer einrichten.

Verknüpfungen
- ⊃ B 1 (Das Märchen vom Glück); ⊃ B 7 (Glückswabe); ⊃ C 4 (Blacky und Bianca); ⊃ K (Text 5 und 10)

Übersicht: Ziele, Hinweise, Anregungen, Verknüpfungen

B2 Was das Glück hindert

Hinweis: Die beiden letzten Sätze des Originaltextes lauten: „Da hast du die Antwort auf deine Frage. Alle Menschen erfüllt die Sehnsucht nach dem Glück, aber die Gier in ihnen, es zu erjagen, bringt sie gerade um das, was sie sich am sehnlichsten wünschen." Für die Kinder ist das jedoch schwierig und wurde daher weggelassen.

FÜA Die Gier nach Reichtum
Anregungen
- Hinführung: „Immer wieder fragen sich die Menschen, warum alle glücklich sein wollen, es aber doch nicht werden. Diese Frage hat ein Schüler einmal einem weisen Mann gestellt."
- Geschichte selbstständig erlesen.
- Zum Text: Warum die Kinder gestritten haben; warum die meisten Menschen reich sein wollen; den Text als Pantomime vorspielen.
- Wortschatzerweiterung: Glück und Unglück, glücken, Glückspilz, -rad, -fee, -zahl, -bringer, Glückwunsch, sein Glück versuchen, mehr Glück als Verstand haben, noch nichts von seinem Glück wissen, sein Glück mit Füßen treten, glücklicherweise, Unglücksrabe, Unglücksfall, un/glücklich, ins Unglück rennen, Glück im Unglück haben, ein Unglück kommt selten allein; sich freuen, vor Freude hüpfen, tanzen, springen, einen Luftsprung machen, sich freuen wie ein Schneekönig (wie der Zaunkönig, der auch noch bei Eis und Schnee singt).

DIFF/FA/NU
- „Frederick" von Leo Lionni auf Englisch vorstellen oder lesen.

Verknüpfungen
- ⊃ B 5 (Kleeblatt); ⊃ D 3 (Der Glanz des Goldes; Von der Gans …)

B3 Hund und Katze

FÜA In der Not zusammenhalten
Anregungen
- Von einem Haustier erzählen; Vorwissen der Kinder zum Thema „Hund und Katze" aktivieren; Redensart „wie Hund und Katze" (Erbfeindschaft oder Missverstehen der gegenseitigen Gebärdensprache); wenn Hund und Katze miteinander aufwachsen; in diesem Zusammenhang gleich das Buch „Brehms Naturgeschichte" vorstellen.
- Den leicht zu verstehenden Text selbstständig lesen; den Inhalt mit eigenen Worten kurz zusammenfassen; sich fragen, ob Tiere glücklich sein können; wie sie ihr Verhalten in Notlagen ändern; Übertragung auf den Menschen (letzte Zeile); dazu weitere Beispiele finden.
- Text in ein freies Gedicht oder in ein Gedicht mit Bauplan (Elfchen, Haiku, Limerick, Rondell) umsetzen, selbst einen einfachen Bauplan (z. B. 1/2/3/4/3/2/1) erfinden: Hund/und Katze/hassen sich sehr/Dann geschieht ein Unglück …).
- Sachtexte zum Thema „Hund und Katze" lesen.
- Bilder: „Der weiße Hund" und „Die weiße Katze" von Franz Marc.

DIFF/FA/NU
- Collage zum Thema „Glück und Leid" gestalten.

Verknüpfungen
- ⊃ B 4 (Drei Finken), I 3 (Der kleine Fisch)

B4 Drei Finken

A/P Träume und Erinnerungen
Anregungen
- Bei meditativer Musik Textvortrag (zunächst nur der ersten Strophe) durch die Lehrerin oder den Lehrer; wenn du ein Bild von „sommersonnigen Bäumen" malen dürftest, wie würde es aussehen?
- Vortrag der zweiten Strophe; herausfinden,

Übersicht: Ziele, Hinweise, Anregungen, Verknüpfungen

wie gut der Dichter die Träume mit der Realität verbindet; nach der dritten Strophe entscheidet jeder für sich, ob es sich um ein ganz trauriges Gedicht handelt oder nicht; Anregung der Fantasie, auf welche (positive) Art es für die Finken weitergehen könnte.
- Perspektivisches Schreiben: Die Gedanken der drei Finken.
- Handlungsträger und Ort ändern: Die drei …
- RG: Träume und Erinnerungen sind etwas Schönes, sie können uns oft (aber nicht immer) helfen.
- Mit Wasserfarben einen Traum in einer Traumblase malen.

DIFF/FA/NU
- Ein Unglücksrabe und ein Glückspilz treffen sich (fantasievolle Umsetzung in Wort und Bild).
- Eine Fantasiefigur malen (Glücksbote, -botin, Trauermännchen …, z. B. Haare aus Kleeblättern, Schweinchen in der Hand, Gestalt mit hängenden Schultern …) oder eine Bilderserie zeichnen: Wie aus dem Trauermann ein Glücksbote wird.

Verknüpfungen
- ⊃ **B 3** (Hund und Katze), **I 3** (Der kleine Fisch)

B4 | Der Esel und das Pferd

A/P Ein Augenblick kann die Welt (auch die des Einzelnen) total verändern

Anregungen
- Den leicht zu verstehenden Text mit einem Partner oder einer Partnerin lesen, dabei die Leseanteile selbst festlegen.
- Die Gedanken der beiden Tiere zu Beginn und am Ende der Fabel formulieren und beim Vorlesen in den Text mit einbauen.
- Auf die Menschen übertragen (Menschen geht es schlecht, sie müssen hart arbeiten, beneiden andere …); „Das größte Glück zerstört ein Augenblick": Beispiele für Menschen, Tiere und Pflanzen finden.
- Bilder zum Text zeichnen.
- Zur Überschrift „Der Traum des Pferdes" Bilder malen oder sich eine Fantasieerzählung ausdenken.

DIFF/FA/NU
- Selbst eine Fabel zu zwei anderen Tieren erzählen oder schreiben.

Verknüpfungen
- ⊃ **C 4** (Blacky und Bianca); weitere Fabel ⊃ **D 4** (Von der Stadtmaus und der Feldmaus)

Zu den Arbeitsblättern

B5/AB 1 | Kleeblatt

- Wortschatzerweiterung (auch zum Verschlüsseln von weiteren Wörtern): Glücksfall, Glückslos, Glückwunsch … (un)glücklich, glücken, (un)glückselig, sein Glück versuchen, sein Glück machen, mehr Glück als Verstand haben, dem Glücklichen schlägt keine Stunde, Glück und Glas, wie leicht bricht das …; Unglück, glücklos, ein Unglück kommt selten allein …
- Deine Meinung ist gefragt: Hufeisen, vierblättrige Kleeblätter … bringen Glück!

B6/AB 2 | Der Tempel der tausend Spiegel

- RG: Wie fröhliche, mürrische … Menschen auf andere wirken; wenn man täglich in traurige Gesichter schaut (Verstärkung durch Spiegelneuronen auf kindgemäße Art erklären); wenn man ein Lächeln oder gute Laune verschenken könnte; wann ein Lächeln hilft,

Übersicht: Ziele, Hinweise, Anregungen, Verknüpfungen

- wann es nicht helfen kann; was ein freundliches Lächeln bewirkt; Gesichter von Menschen im Pausenhof, in einer Einkaufsstraße … bewusst ansehen oder filmen und herausfinden, ob man öfter freundlich oder unfreundlich angeschaut wird.
- Nach dem Lesen des Textes kurze freie Gedichte verfassen: Ich bin glücklich/immer dann/wenn ich (Freunde treffen, mit dir spielen …) kann. Oder: Ich bin traurig/immer dann/wenn ich …
- Glückwünsche (Geburtstag, Hochzeit, Geburt, Prüfung) in verschiedenen Sprachen aufschreiben.
- KG: Wenn Menschen nicht lachen und weinen könnten; Lachen ist gesund.
- Stimmungsbarometer basteln; ein lachendes Gesicht auf einen Pappteller zeichnen, den folgenden Spruch erklären und darunter schreiben: „Ein Lächeln erfreut mindestens zwei: den, der es verschenkt, und den, der es bekommt!" Eine Karte oder ein Poster gestalten, z. B. zu der Frage „Hast du heute schon gelacht?" Unterschiedliche Smileys zeichnen.

B7/AB 3 Glückswabe

- Siehe Vorbemerkungen zu ⊃ B.
- Mithilfe des Bildes von der Wabe kindgemäße Beispiele suchen und Verschiedenes herausfinden: Glück setzt sich aus vielen Teilen zusammen, ist nie ganz vollständig, kann aus vielen oder aus wenigen (dafür umso wichtigeren) Teilen bestehen, kurz dauern oder länger anhalten, ist für jeden zu verschiedenen Zeitpunkten immer wieder anders; um das herauszufinden, die eigenen Waben mit denen der Partnerin bzw. des Partners (oder gedanklich mit denen anderer Menschen) vergleichen oder zu verschiedenen Zeiten ausfüllen; mehrere Schülerinnen und Schüler vergleichen ihre Einträge, ziehen Rückschlüsse auf besonders oft genannte Punkte zum Thema „Glück"; Teile kommen hinzu oder „brechen ab"; eigene Waben mit denen des Partners zusammenfügen; Warum ändern sich Glücksgefühle immer wieder?
- Unterschied zwischen „glücklich sein" und „Glück haben" klären; als Hilfe das Gedicht „Glück" (⊃ B 2) lesen; Glück bedeutet: sich freuen, staunen, zufrieden sein …
- Illustration zum Spruch: Der Weg zum (Un-)Glück führt über die Brücke der (Un-)Zufriedenheit (konkrete Beispiele in die Brückenbausteine schreiben).
- Überschrift und AA ändern, dann ist dieses AB vielseitig einsetzbar, z. B. zu ⊃ B 6 (Der Tempel der tausend Spiegel); D 5 (Vom Schlaraffenland); ⊃ E 1 (Friede); H 1 (Worüber wir staunen); aber auch zu Themen wie Trauer, Wünsche, Freundschaft, Angst, Helfen …

C Angst haben – Mut schöpfen

„Feiglinge sind Leute, die mit den Füßen nachdenken." *(Jerry Lewis)*
„Wer Mut zeigt, macht Mut." *(Adolf Kolping)*

Ziele/Inhalte:
- Von eigenen Erlebnissen und Erfahrungen berichten und erkennen, dass jeder Mensch immer wieder mit Ängsten konfrontiert wird
- Herausfinden, dass die Extreme (zu viel Angst/zu viel Mut) gefährlich und zerstörerisch sein können
- Erschließen, dass es begründete und unbegründete Ängste gibt, die die Menschen auf unterschiedliche Weise bekämpfen (können)

Übersicht: Ziele, Hinweise, Anregungen, Verknüpfungen

Weitere Texte: Hans-Jürgen Netz: „Da bin ich gegangen"; Hans Baumann: „Am Graben" (auch unter: „Ein Wassergraben"); Max Bolliger: „Was uns Angst macht", „Was uns die Angst nimmt"; Anne de Vries: „Wer war der Mutigste?"; Irina Korschunow: „Niki und das Dreimeterbrett"; Brüder Grimm: „Von einem, der auszog, das Fürchten zu lernen", „Das tapfere Schneiderlein"

Buchtipps: Cornelia Funke: „Gespensterjäger auf eisiger Spur"; Hilke Rosenboom: „Ein Pferd namens Milchmann"; Edward Packard: „Die Insel der 1000 Gefahren"; Jill Tomlinson/Christine Georg: „Die kleine Eule"; Brigitte Blobel: „Du hast aber Mut"; Tormod Haugen: „Die Nachtvögel"; Axel Scheffler: „Der Grüffelo"; Martin Baltscheit/Zoran Drvenkar: „Zarah. Du hast doch keine Angst, oder?"; Michael Borlik/Laurence Sartin: „Wehr dich doch, Ivo"; Bart Moeyaert: „Mut für drei"; Kirsten Boie: „Abschiedskuss für Saurus"

Kunst:
- Paul Klee: „Tanze vor Angst"; Edvard Munch: „Der Schrei"; Marc Chagall: „Die drei Kerzen"

Musik:
- Lieder: Rita Mölders: „Nachtwanderung"; Fredrik Vahle: „Wer hat Angst vor Dracula?"; Detlev Jöcker: „Kindermutmachlied"
- Zu den Themen Angst und Mut auf verschiedenen Instrumenten improvisieren.

C1 Von dem Jungen, vor dem alle Angst hatten

FÜA Vorurteile

Anregungen
- Lehrervortrag bis zu „Ein Junge, der immer so böse guckte, machte sicher alles kaputt."; Stellungnahmen und Antizipationen; Dreierleistraße, so ein komischer Name; Warum der Junge wohl immer so böse schaut? Warum haben die Kinder Angst? Was vermuten sie? (Textstellen: manchmal …; manche glaubten …)
- Den zweiten Teil des Textes selbstständig lesen; AA: Warum sich durch das fremde Kind alles ändert; den Text in eine Pantomime oder in ein Schattenspiel umsetzen; sich, vom letzten Satz ausgehend, ein Gespräch zwischen allen Beteiligten ausdenken.
- Was ein Gesichtsausdruck bewirkt (böse, freundlich … schauen); Gefahr: Menschen können sich verstellen.
- Ausweitung: Auch ich habe schon einmal jemanden falsch eingeschätzt.
- Ängste in Fantasiereisen überwinden.

DIFF/FA/NU
- Blatt mit dem Umriss eines Gesichts laminieren; verschiedene Gesichtsausdrücke und Veränderungen bei Nase, Mund, Haaren … ausprobieren und die Wirkung verbalisieren.

Verknüpfungen
- ⊃ B 6 (Der Tempel …); weitere Texte bei ⊃ C (Angst haben …) und F (Anders sein …)

C1 Glühwürmchen

A/P Durchführung einer Nachtwanderung

Anregungen
- Die Kinder berichten von ihren Erlebnissen bei Dunkelheit; was bei Dunkelheit anders ist, warum man sich fürchtet; weshalb es gut ist, dass nachts die Sterne leuchten.
- Text lesen und betont vortragen; Melodien zum Text erfinden.
- Versuch: ein winziges Teelicht in einem dunklen Raum; Gefühle ausdrücken, Melodien improvisieren; das Gedicht selbst illustrieren oder den Text selbst gestalten und auf eine bemalte Vorlage kleben; zeichnerisch oder malerisch ohne Themenvorgabe einen Hell-Dunkel-Kontrast gestalten; Themen wie „Kleines Licht in der Finsternis" oder „Feuerwerk" einbeziehen.
- UG: Angst warnt vor Gefahren; wozu zu viel Angst führen kann.

Übersicht: Ziele, Hinweise, Anregungen, Verknüpfungen

- Fantasiereisen in die Nacht, zum Mond, zu den Sternen durchführen.
- Übertragung auf (andere) Menschen: Warum Leute laut reden oder singen, wenn sie in den (dunklen) Keller gehen; wie man sich sonst noch Mut machen kann.
- Den Text „Angst, geh weg" (Ich kenne einen tollen Spruch …) von Knister einbeziehen.

DIFF/FA/NU
- Freie Gedichte schreiben: Angst habe ich, wenn …/Die Angst verschwindet, wenn …/ Angst ist für mich wie …

Verknüpfungen
- Texte bei ⊃ C (Angst haben …) und auf humorvolle Art ⊃ H 2 (Die Tagnachtlampe)

C2 Angst

FÜA Erleben von Angstsituationen
Anregungen
- Der Text ist gut zum Antizipieren und (zusätzlichen) Formulieren von Gedanken, Gefühlen und wörtlichen Reden geeignet.
- Die Kinder berichten von ihren Erfahrungen: Jeder Mensch hat Angst; wovor Kinder Angst haben; wie sie die Angst überwinden.
- Ein Kind liest den ersten Abschnitt vor, den zweiten lesen alle still.
- Vermutungen äußern: Warum brach das Feuer aus? Weshalb hat es sich so schnell ausgebreitet? Wieso hatten Leos Eltern auch Angst? Wer hat die Feuerwehr gerufen? …
- PG: Zu einzelnen Textpassagen weitere Gedanken, Gefühle und wörtliche Reden finden, dann erst den letzten Satz an die Tafel schreiben oder vorlesen; die Kinder schreiben ihn auf.
- Stellungnahmen: Kann es wirklich sein, dass Leo Angst hat und den Rauch riecht, wenn er die Feuerwehr hört?
- Von ähnlichen Erlebnissen (von sich oder anderen) erzählen; wie man Angst überwinden und sich gegenseitig ermutigen kann.
- Angst als Grunderfahrung des Menschen durch konkrete Beispiele thematisieren: Angst vor Dunkelheit, Alleinsein, Krankheit, Trennung, Prüfungen …; Überwindung der Angst durch Eigen- oder Fremdhilfe, Vertrauen, Erfahren von Geborgenheit …; Mut zeigen können wir auch in Situationen, die objektiv gesehen nicht gefährlich sind; woran man erkennt, dass jemand Angst hat; herausstellen, dass die Urangst der Menschen vor Krieg, Unfall, Tod, Katastrophen im Alltag nicht aufzuheben ist, dass aber viele Ängste zum Glück für den Einzelnen nie wahr werden.

DIFF/FA/NU
- Angst und Mut mit Musikinstrumenten, Tüchern, Farben oder dem eigenen Körper darstellen.
- Ein Sorgenplakat der Klasse XY gestalten.

Verknüpfungen
- ⊃ C 5 und die Hinweise dazu (Wörter zu Angst und Mut gestalten)

C2 Der Eindringling

FÜA (Gefährliche) Mutproben
Anregungen
- Den leicht verständlichen Text in die Hand der Schülerinnen und Schüler geben und sie die Textstellen malen lassen, die ihnen am besten gefallen haben; Bilder dann vor der Klasse vorstellen: „Mir hat besonders gefallen, wie …, weil …"
- Zum Text: Ein mutiger Spatz! (Sich die Situation vor Augen führen: in einem „Loch" sitzen, das nach und nach „zugemauert" wird); Was wäre passiert, wenn der Spatz seinen Schnabel nicht sofort durch den nassen Lehm gebohrt hätte? War der Spatz mutig, frech oder dumm?
- Sich Ausrufe für das Geschrei der Schwalben und die Antworten des Spatzen ausdenken und vortragen.
- Handlungsträger malen oder auf Wortkarten schreiben, dann ein Bild oder mehrere (notwendige Anzahl selbst festlegen) vom Nest

18

Ute Hoffmann: Die kreative Text-Werkstatt
© Persen Verlag – AAP Lehrerfachverlage GmbH, Buxtehude

Übersicht: Ziele, Hinweise, Anregungen, Verknüpfungen

- malen oder zeichnen (oder kopiert vorgeben) und nur mithilfe der Bilder und Wortkarten die Geschichte mit eigenen Worten wiedergeben (PA oder GA).
- (Zeitungs-)Texte zu mutigen Menschen und Tieren zusammenstellen und präsentieren.
- UG: Mutproben.

DIFF/FA/NU
- Geschichte in GA in eine Bildergeschichte oder in ein Kochlöffel- oder Bürstentheater umsetzen und vorspielen.

Verknüpfungen
- ⊃ C 2 (Angst); ⊃ C 7 (Die Vogelscheuche)

C3 Tatanka, der kleine Indianer

FÜA Angst bewältigen

Anregungen
- Textbegegnung (Möglichkeit 1): Nach und nach die Wörter Tatanka/kleiner Indianer/Eule anschreiben; jeweils Schüleräußerungen dazu, dann nur die Sätze „Dann leerte er den Eimer mit dem kostbaren Wasser aus …" bis „und keiner achtete mehr auf Tatanka" vorlesen; Antizipationen: Was geschah nun? Was geschah vorher?
- Textbegegnung (Möglichkeit 2): Lehrervortrag bis „‚Guten Abend, Tatanka', begrüßte ihn sein Vater"; Antizipationen der Schülerinnen und Schüler, dann nur die letzten drei Zeilen vorlesen und vermuten, welche Gefahren Tatanka wohl erlebt hat; Text austeilen (gute Leser lesen den gesamten Text und unterstreichen die wörtlichen Reden; langsame Leser lesen den unbekannten Mittelteil).
- Mit eigenen Worten darlegen, was Tatanka unterwegs wohl gehört, gesehen, gerochen, empfunden hat; warum er die Angst vor der Eule überwunden hat; warum ihn der Vater zweimal zur Quelle schickte …
- Provokation: „Der Vater hätte seinem Sohn doch einfach erklären können, warum er mutig sein muss, warum ihn die anderen Kinder auslachen …"
- Lesen mit verteilten Rollen; den Text mit der Stimme und mit Instrumenten untermalen.
- Ausweitung: Mutproben können gefährlich sein; Situationen vorstellen, in denen es mutig ist, Nein zu sagen; auch Petzen kann angebracht und mutig sein.
- Kunst: „So stelle ich mir Tatanka vor" oder: „Unterwegs in der Dunkelheit".
- Das Gedicht „Weisheit der Indianer" von Dorothee Sölle einbeziehen.

DIFF/FA/NU
- „Fliegender Stern" von Ursula Wölfel vorstellen oder gemeinsam lesen.

Verknüpfungen
- ⊃ C 1 (Glühwürmchen), C 2 (Angst; Der Eindringling)

C4 Blacky und Bianca

FÜA Sicherheit oder Risiko

Anregungen
- Die ersten drei Abschnitte des Textes an die Kinder austeilen; Partnerlesen; Vermutungen äußern.
- Den 4. und 5. Abschnitt von guten Lesern vortragen lassen; Antizipationen; überlegen, wer oder was Blacky einen Schlag versetzte.
- Die Erlebnisse der beiden Katzen in der Ich-Form wiedergeben; weitere Beispiele und mögliche Gedanken erfinden; PG: Was könnte auf Blackys Weg vom Straßengraben zurück zum Bauernhof passiert sein?
- Vermutungen äußern, ob Blacky nun immer auf dem Hof bleiben wird; den letzten Abschnitt still erlesen; GA: Weitere Abenteuer der schwarzen Katze erfinden und illustrieren; sich Dialoge zwischen den beiden Katzen vor und nach einem Abenteuer ausdenken und vorspielen.
- Sich (lustige) Tiernamen ausdenken: Blöki, Grunzi oder Grunza, Roter Kamm, Muh-Meisterin … und sich die Abenteuer eines mutigen

Übersicht: Ziele, Hinweise, Anregungen, Verknüpfungen

- Schafs, Schweins, Hahns ... ausdenken.
- Übertragung: besonders mutige, besonders ängstliche Menschen; Vorteile und Gefahren für den Einzelnen; Stellungnahmen: Sind Mutige die besseren Menschen? Was ist, wenn jemand zu mutig oder zu ängstlich ist?

DIFF/FA/NU
- Wortschatzerweiterung zu einem Tier, das als ängstlich beschrieben wird: Hasenfuß, Hasenherz, wissen, wie der Hase läuft, da liegt der Hase im Pfeffer, ein alter Hase sein, mein Name ist Hase, wo sich Fuchs und Hase gute Nacht sagen; Ausdrücke (Hase im Pfeffer ...) in lustige Bilder umsetzen.

Verknüpfungen
- ⊃ C 5–7 (Arbeitsblätter)

Zu den Arbeitsblättern

C5/AB 1 — Der alte Fischer

- Bilder „Fischerboote bei Saintes-Maries" von Vincent van Gogh und „Sich der Küste nähernde Yacht" von William Turner einsetzen.
- Ausdrücke wie Angsthase, starr vor Schreck, mit angstverzerrtem Gesicht, das Herz rutscht vor Angst in die Hose oder klopft bis zum Hals, vor Angst weiche Knie bekommen, eiskalte Schauer laufen den Rücken hinunter, die Angst im Nacken sitzen haben ... in wörtlich verstandene (z. T. lustige) Bilder umsetzen.
- Am Text von „Swimmy" (Leo Lionni) aufzeigen, wie Angst gemeinsam überwunden werden kann.

C6/AB 2 — Der Fuchs und die Gänse

- Den Rap wie im Text beschrieben sprechen: erst ein Kind oder eine Gruppe, dann nach und nach die anderen; verschiedene oder sogar alle vier Gruppen miteinander sprechen lassen; für das Wort Gegacker freie Rhythmen wählen und zusätzlich laut, leise, ängstlich ... sprechen.
- Sich für andere betende Tiere andere Laute einfallen lassen.
- Das Märchen auf andere Tiere übertragen und auf andere Art um Aufschub bitten: nacheinander noch einmal eine tolle Mahlzeit zu sich nehmen, singen, eine Geschichte erzählen ...; weitere Tiere, die sich das Ganze anschauen oder sich einmischen, einbauen; zu den eigenen Texten Bilder malen, sie vorspielen oder mit Musik untermalen.

C7/AB 3 — Die Vogelscheuche

- Das Gekrächze der Raben imitieren und vor, nach oder zu dem Gedichtvortrag einsetzen.
- Gedicht gemeinsam sprechen; eine einfache Melodie dazu erfinden.
- Die eigenen Texte Klang gestaltend vortragen.
- Andere lustige Gedichte von Christian Morgenstern vorstellen.

Übersicht: Ziele, Hinweise, Anregungen, Verknüpfungen

D Armut und Reichtum kennenlernen

„Arm sein und nicht murren, ist schwer.
Reich sein und nicht hochmütig werden, ist im Vergleich dazu leicht." *(Konfuzius)*

„Menschen, die nach immer größerem Reichtum jagen,
ohne sich jemals Zeit zu gönnen, ihn zu genießen,
sind wie Hungrige, die immerfort kochen,
sich aber nie zu Tische setzen." *(Marie von Ebner-Eschenbach)*

Ziele/Inhalte:
- Die Not anderer sehen und gemeinsam darüber nachdenken, warum es trotz aller Fortschritte immer noch Hunger und Not auf der Welt gibt
- Beispiele für die Gier nach Reichtum sammeln und dazu Stellung nehmen
- Thematisieren, dass Armut und Reichtum nichts mit dem Wert eines Menschen zu tun haben

Weitere Texte: Marina Thudichum: „Das Brot"; Brüder Grimm: „Berg Simeli", „Der Arme und der Reiche", „Die Sterntaler", „Vom Fischer und seiner Frau", „Das Märchen vom Schlaraffenland"; Artur Troppmann: „Der ist reich"; Helmut Zöpfl: „Das Kostbarste"

Buchtipps: Frank Cottrell Boyce: „Millionen"; Erich Kästner: „Pünktchen und Anton" (in der Comic-Fassung von Isabel Kreitz); Roald Dahl: „Charlie und die Schokoladenfabrik"; Karin Gündisch: „Im Land der Schokolade und Bananen"; Klaus Kordon: „Mein Freund Ringo"; Andreas Venzke: „Carlos kann doch Tore schießen"; James Krüss: „Timm Thaler oder Das verkaufte Lachen"

Kunst:
- Pablo Picasso: „Die Artisten"; Käthe Kollwitz: „Deutschlands Kinder hungern"
- Montagen zur Thematik erstellen.

Musik: Rolf Zuckowski: „Lieder, die wie Brücken sind"; Volker Ludwig/Birger Heymann: „Wir sind Kinder einer Erde"

D1 Kindergedicht

FÜA Kinderrechte (UN)

Anregungen
- Vier Hinführungsmöglichkeiten: 1. Das gesamte Gedicht ohne Kommentar in die Hand der Kinder geben (ein AB an zwei Partner), sie darüber reden und Stellung beziehen lassen. 2. Die jeweils erste Zeile der vier Strophen am OHP auf vier Folienstreifen präsentieren, über Nahrungsmittel und Lieblingsgerichte reden, dann die restlichen vier Zeilen ungeordnet dazulegen. 3. Die acht Zeilen den Schülerinnen und Schülern ungeordnet auf einem AB geben und den Text von ihnen zusammensetzen lassen. 4. Einstieg mit Wortkarten oder Tafelanschrift (Leibgericht, Götterspeise, Honig, Milch, Knäckebrot, Vollkornbrot …).
- Über das Leben von Kindern bei uns und in anderen Ländern berichten; ob und wie wir etwas verändern können; Provokation: „Was ich nicht mehr brauche, schenke ich armen Kindern!"; Beispiele finden zum Spruch: „Kleine Taten, die man ausführt, sind besser als große, die man plant." (George Marshall)
- Lied „Kindergedicht" von Wilhelm Keller zu diesem Gedicht einbeziehen.

DIFF/FA/NU
- Mit dem Partner bzw. der Partnerin den Text 8 bei ⊃ K lesen und werten.

Verknüpfungen
- ⊃ F 1 (Der eine groß …), I 1 (Alle Kinder dieser Welt); ⊃ K (Text 8)

Übersicht: Ziele, Hinweise, Anregungen, Verknüpfungen

D1 Über die Berge

FÜA Hunger und Not in der Welt
Anregungen
- Den Text von Brecht ohne Kommentar an die Schülerinnen und Schüler austeilen.
- Selbstständiges Erlesen.
- Gesprächskette mit Beispielen aus dem Gedicht und eigenen Vorschlägen: Was Menschen alles schaffen, erfunden haben …/Was sie nicht schaffen und warum.
- Ein trauriges oder ermutigendes Gedicht?
- Alle schreiben beim letzten Satz weiter: „Wenn sie erst beisammen sind, dann …";
- (freiwilliges) Vorlesen der Ergebnisse.
- Einen Brief aus der Zukunft schreiben.

DIFF/FA/NU
- Nach und nach Zeitungsausschnitte und Bilder zur Thematik suchen, ausschneiden und auf einer Litfaßsäule, auf einem Poster oder in einem Themenbuch mit weiteren Texten, eigenen Stellungnahmen … präsentieren.

Verknüpfungen
- ⊃ A 1 (Kinder), B 2 (Was das Glück hindert), G 1 (Leute), I 1 (Der Träumer; Alle Kinder dieser Welt); ⊃ K (Text 8)

D2 Der Prinz sucht einen Freund

FÜA Freundschaft
Anregungen
- Nur die Überschrift angeben; Schülervermutungen: Warum sucht der Prinz einen Freund? Warum ist das für einen Prinzen schwierig? Warum sind Freunde – besonders auch für einen Prinzen – so wichtig?
- Motivation zum Lesen/Vermutungen äußern: In dem Märchen sollen ausgerechnet drei Eier helfen, einen Freund für den Prinzen zu finden.
- Stilles Erlesen (AA: Warum die Königin drei Eier in den Frühstückskorb legt).
- Zum Text: Mit eigenen Worten erklären, warum der Sohn des Richters und der des Kaufmanns nicht die richtigen Freunde sind, der Sohn des Holzfällers aber schon; was dem Prinzen beim Spielen im Wald besonders gefällt; warum die Mutter davon nicht so begeistert ist; warum es gerade drei Eier sein müssen.
- PA: Sich Gespräche ausdenken und die drei Szenen beim Frühstück vorspielen.
- Selbst ein Märchen schreiben: Die Prinzessin sucht eine Freundin (der Vater der Prinzessin will mit neun Bonbons oder fünf Kugeln Eis die richtige Freundin finden); warum es eine ungerade Zahl sein muss.

DIFF/FA/NU
- Elfchen, Akrostichon oder einen Text nach Wahl zum Thema „Freundschaft" schreiben.

Verknüpfungen
- ⊃ A 3 (Für mich allein), E 4 (Streit der Wölfe), F 2 (Elvira ist prima), F 3 (Im Viertelland), G 1 (Leute); I 1 (Alle Kinder); ⊃ K (Text 2)

D3 Der Glanz des Goldes

FÜA Die Gier nach Reichtum
Anregungen
- Den Text bis auf die letzten Zeilen („Da erkannte der König" bis Textende) in veränderter Reihenfolge den Kindern auf einem AB präsentieren und zusammensetzen lassen.
- Zum Text: Warum war der König zunächst unzufrieden? Warum hielt er sich dann für den glücklichsten Menschen? Weitere Beispiele finden: Was geschah, als der König sich waschen wollte …? Mögliche Gedanken des Königs vor und nach der Erfüllung des Wunsches aussprechen (auch zu: „Er blieb hungrig und durstig."); die letzten Zeilen (s. o.) von einer Schülerin oder einem Schüler vorlesen lassen.

Übersicht: Ziele, Hinweise, Anregungen, Verknüpfungen

- Das Märchen verändern: Eine Fee oder ein Zauberer erfüllt einen Wunsch; alles, was jemand berührt, soll zu Silber, Glas, Holz, Schmuck … werden; auch lustige Varianten einbeziehen: soll zu Eis, Pudding, Schokolade … werden; Gedanken und Ausrufe der jeweiligen Handlungsträger formulieren.
- Übertragung auf die Welt von heute: Die Gier nach Reichtum (Beispiele finden und bewerten).
- *(Die letzten drei Punkte gelten für beide Texte von D 3)* Brainstorming oder Cluster bilden mit positiven und negativen Aspekten zu Gold (Geld, Reichtum), dann ein Elfchen, ein Akrostichon oder einzelne Gedanken frei in Gedichtform untereinanderschreiben, z. B. Wer viel Gold hat/ist reich/kann sich fast alles kaufen …; Geld/jeder will es haben/macht es glücklich …
- Märchen ausdenken: Vom Mann (vom Sohn, von der Frau, der Tochter), der/die … in Gold verwandeln konnte.
- Zum Zusammenhang von Reichtum und Glück siehe auch Vorbemerkungen zu ⊃ B.

DIFF/FA/NU
- Den Text in einen Comic umsetzen (siehe auch ⊃ I 6 und die Hinweise dazu).

Verknüpfungen
- ⊃ B 2 (Was das Glück hindert), D 3 (Von der Gans …); ⊃ K (Text 8); zum Thema „Wünschen" I 3 (Der kleine Fisch); ⊃ I 4/I 5 (Die drei Wünsche); I 6 (Der erfüllte Wunsch) und die Hinweise dazu; ⊃ K (Text 9)

D3 Von der Gans, die goldene Eier legte

A/P Deutschland …, ein reiches und dennoch armes Land?!

Anregungen
- Hinführung: „Stelle dir einmal vor, du hättest eine Gans, die goldene Eier legen kann. Was würdest du mit dem Gold tun? Wie würdest du die Gans behandeln? Wie ein Mann so eine Gans behandelte, kannst du nachlesen."
- Zum Text: so ein dummer Mann; warum Menschen alles auf einmal haben wollen; die Gier nach schnellem Reichtum auf Menschen und Situationen von heute übertragen.
- Wünsche, die nicht mit Geld erfüllt werden können; wirklich Reiche können von ihrem Vermögen leben, ohne zu arbeiten; Stellungnahmen dazu; wenn du so reich wärst; manche Sänger, Schauspielerinnen, Fußballer … können es sich leisten, Autos, Uhren, Schmuck für Tausende von Euros zu kaufen; deine Meinung dazu.
- Paralleltexte schreiben: Vom Huhn, das …; Vom Strauß, der …
- Siehe auch die letzten drei Punkte bei den Hinweisen zu ⊃ D 3. (Der Glanz des Goldes).

DIFF/FA/NU
- Märchen „Tischlein, deck dich" und „Rumpelstilzchen" (Brüder Grimm) lesen.

Verknüpfungen
- ⊃ B 2 (Was das Glück hindert), E 4 (Streit der Wölfe); ⊃ K (Text 8)

Zu den Arbeitsblättern

D4/AB 1 Der arme Schneider …

- Das Verhalten des Schneiders und der beiden Mäuse bewerten; die Fabel aus der Sicht der Stadtmaus erzählen; die Feldmaus schreibt einen kurzen Tagebucheintrag.
- Der Schneider freut sich und erzählt seiner Frau unter dem Aspekt „Ehrlich währt am längsten", was geschehen ist; selbst zwei oder drei kurze Texte vermischen.

Übersicht: Ziele, Hinweise, Anregungen, Verknüpfungen

D5/AB 2 — Vom Schlaraffenland

- Das Gedicht in Bilder umsetzen (Anzahl frei wählbar).
- Den „Flug über den Pflaumenmushügel" malen, zeichnen oder eine Collage dazu erstellen.
- Märchen vom Schlaraffenland (Fassungen der Brüder Grimm, von Ludwig Bechstein und/oder von Hans Sachs) lesen.
- Schreiben: Ein Brathähnchen auf seinem Flug durch das Schlaraffenland; Werbung aus dem Schlaraffenland (oder auch ein Reiseprospekt).

D6/AB 3 — Der Dieb

- Sich eine Vorgeschichte ausdenken; vermuten, warum der Dieb das Geld genommen und ausgerechnet den reichsten Bauern bestohlen hat; was an der Geschichte wahr und erfunden ist; lustige Textstellen vortragen; über den Schluss des Textes hinaus erzählen.
- Gedanken des Diebes und des Bauern in Sprechblasen schreiben und hinzufügen.
- Perspektivenwechsel: Ein Dorfbewohner schreibt die Ereignisse an seinen Freund.

E — Sich streiten – sich versöhnen

„Nicht jene, die streiten, sind zu fürchten, sondern jene, die ausweichen." *(Marie von Ebner-Eschenbach)*

„Besser als zu streiten, wie ein Feuer entstand, ist, es zu löschen." *(J. A. Comenius)*

Ziele/Inhalte:
- Konflikte zwischen Menschen und Gruppen als Bestandteil des Lebens ansehen
- Streitursachen, Streitverläufe und Streitlösungen wiedergeben, vor- oder nachbereitend (auch gedanklich) durchspielen und in Rollenspielen gestalten
- Streitgespräche nachvollziehen, erfinden und bewerten

Weitere Texte: Hans Manz: „Umkehrung?"; James Krüss: „Der Sperling und die Schulhofkinder", „Krieg der Bienen und Hornissen"; Michael Ende: „Ein Schnurps droht einem andern Schnurps"; Irmela Brender: „Streiten muss sein"; Hans A. Halbey: „Schimpfonade"; Hanna Muschg: „Die Geschichte von der Ente und der Eule"; Gina Ruck-Pauquet: „Freunde"; Georg Bydlinski: „Wann Freunde wichtig sind", „Machen wir Frieden"; Christine Nöstlinger: „Pech und Schwefel", „Ich bin so gemein gewesen"; Marianne Kreft: „Petra"; Fabeln: „Die beiden Ziegen" (Albert Ludwig Grimm:); „Wind und Sonne", „Der schlaue Richter" (Jean de la Fontaine)

Buchtipps: Leo Lionni: „Fish is Fish", „Theodore and the Talking Mushroom", „It's Mine", „Sechs Krähen"; David McKee: „Du hast angefangen! Nein, du!"; Renate Welsh: „Das Vamperl"; Peter Härtling: „Mit Clara sind wir sechs"; Helme Heine: „Freunde"

Kunst: Pablo Picasso: „Das Antlitz des Friedens", „Dove of peace"; Wassily Kandinsky: „Mit und Gegen"; Paul Klee: „Tätlich Keiten"

Übersicht: Ziele, Hinweise, Anregungen, Verknüpfungen

Musik:
- Fredrik Vahle: „Hau-mich-nicht-Lied"
- Aus „Bilder einer Ausstellung" von Modest Mussorgsky: „Tuilerien" (Streitende Kinder), „Marktplatz von Limoges" (Streitende Marktfrauen)

Hinweis: Nach und nach einen Fragenkatalog zum Thema „Streit" zusammenstellen:
- Wer streitet? Zwei oder mehr? Mit wem (Schüler, Geschwister, Eltern …)? Wer hat angefangen? Warum (mogeln, beleidigen, spöttisch grinsen, auslachen, andere Meinung haben, mitspielen wollen, angerempelt werden …)? Wie reagiert der andere? War die Reaktion angemessen, zu stark, zu schwach? Wie wird der Streit ausgetragen: sachlich, emotional, mit (Schimpf-)Wörtern, Drohungen, Raufereien …? Kann ein Freund anderer Meinung sein? Wann muss man Partei ergreifen, wann nicht? Wie wird der Streit beendet? (Durch einen Kompromiss „Erst werden wir …, dann …" oder eine Entschuldigung? Um Verzeihung bitten oder sich die Hand geben …?) Wer bemüht sich um eine Versöhnung? Wer macht den ersten Schritt? Warum, warum nicht? Wie fühlt man sich bei und nach einem Streit? Kann man Streit vermeiden? Wie lange hat er gedauert? Wie oft wird gestritten? Hilft der Streit? Wem?
- Erkenntnisse bewerten: Kann man immer einer Meinung sein? Gewalt erzeugt weitere Gewalt. Je mehr ein Streit eskaliert (je länger er dauert …), desto schwieriger wird die Beilegung.
- Streitregeln gemeinsam festlegen: Situation schildern; ausreden lassen; Suche nach einer Lösung; falsches Verhalten korrigieren; Vereinbarungen treffen …

E1 Bissige Wörter

FÜA Ausbildung von Streitschlichtern; So lösen wir Konflikte

Anregungen
- TA des Wortes „bissig", die Kinder äußern sich dazu; Ergänzung: „bissige Wörter", erneut Schüleräußerungen; Vortrag der ersten Strophe; ich/du: Wer könnte das sein? Wie könnte ein bissiges Wort gelautet haben? Mögliche Reaktionen auf das bissige Wort formulieren. „Es nagt an mir (bzw. dir)" klären.
- Den restlichen Text selbstständig lesen (AA: Was ein einziges Wort für Folgen haben kann); den Streitverlauf und die Gefühle dabei mit eigenen Worten ausdrücken; PG: Über den Schluss hinaus weitererzählen.
- Von eigenen Erlebnissen berichten: Wörter können verletzen; weitere Streitauslöser nennen: andere Meinung, zufällige Rempler …;

- UG: „Der Klügere gibt nach": Ist dieses Sprichwort (immer) richtig?
- Streitgespräche zwischen Instrumenten und Instrumentengruppen darstellen.
- Texte einbeziehen: „Die Wand", „Die Brücke" von Gerri Zotter/Mira Lobe/Renate Welsh, „Der Sperling und die Schulhofkinder" von James Krüss, „Schimpfonade" von Hans A. Halbey und „Das böse Wort" von Max Bolliger.

DIFF/FA/NU
- Schimpfwörter sind leicht zu finden, doch wie ist das mit freundlichen Aussagen?

Verknüpfungen
- ⊃ **A 2** (Von der besten und der schlechtesten Sache …) und die Hinweise dazu, **A 3** (Für mich allein), **E 2** (Herr Böse …); ⊃ **K** (Text 9)

E1 Friede

A/P Alle wünschen sich den Frieden – warum gibt es ihn nicht?

Anregungen
- Schülererfahrungen zum Thema aktualisieren.

Übersicht: Ziele, Hinweise, Anregungen, Verknüpfungen

- Text in die Hand der Kinder geben (AA: Das Wort „Frieden" in den verschiedenen Sprachen unterstreichen; von ausländischen Mitschülern ergänzen lassen).
- Stilmittel der Wiederholung herausarbeiten: „Zusammen …".
- Weitere konkrete Beispiele zu Textteil 2 finden; warum Frieden nicht von allein entstehen kann.
- Paix, peace … mit dem PC gestalten und ausdrucken; das Gedicht und Ergänzungen der Kinder auf einem Poster in GA gestalten, evtl. den Ländern auf einer Karte zuordnen.
- UG: Konflikte auslösen, Konflikte lösen; Frieden im Alltag; Kann man gleichzeitig Freund und Gegner sein? (Sonderfall: befreundet sein, aber Gegner im Fußball, Schach, Tennis …) Kann ein Freund zum Feind, ein Feind zum Freund werden? Wodurch?
- Einen Regenbogen als Friedensbrücke gestalten.
- Weitere Gedichte und Texte präsentieren, Aufkleber oder Buttons zum Thema „Frieden" gestalten.
- Ein Bild, das für Frieden und Freiheit steht: „Die Vögel" von Salvador Dalí.

DIFF/FA/NU
- Bildergeschichte: „Friedensstifter" von e.o.plauen.

Verknüpfungen
- ⊃ **E 2** (Herr Böse …); ⊃ **E 5** (Friedensblume) und die Hinweise dazu; **E 6–8** (Streit …; Streitereien …); ⊃ **I 1** (Alle Kinder dieser Welt); ⊃ **B 7** (Glückswabe)

E1 Warum sich Raben streiten

FÜA Streit (Auslöser, Verlauf, Ende)

Anregungen
- RG: Warum und worüber sich Kinder streiten; Hinführung zum Gedicht: Auch Tiere können streiten; Schüleräußerungen.
- Stilles Erlesen (AA: Manches ist bei den Raben wie bei den Menschen); diese Beispiele aus dem Text vorlesen; konkrete Beispiele zu den Fragen „Wer sollte etwas tun und wer sollte etwas lassen?" formulieren, z. B.: Lass das laute Gekrächze, flieg doch endlich mal schneller …
- Den Streit der Raben mit einem Partner oder einer Partnerin vorspielen.
- Paralleltexte verfassen: Streit unter Elstern, Tigern, Katzen, Kindern, Eltern, Opas, Tanten, Lehrern … Die Kinder entscheiden selbst, wie nah sie am Text bleiben, ob sie die beiden Schlusssätze übernehmen oder das Ende des Streits verändern wollen, z. B.: Es ist aus, wir werden uns nie mehr vertragen!
- Thema: Streitschlichter an der Schule.

DIFF/FA/NU
- Querverbindung zum Sachunterricht herstellen (Tiere streiten wirklich): Wer ist der Anführer einer Herde? Wer bekommt das meiste Futter? Wer ist der Stärkere?

Verknüpfungen
- ⊃ **A 4** (Der wilde Garten), **E 2** (Herr Böse …), **E 4** (Streit der Wölfe); ⊃ **E 6** und **7** (Streit …; Streitereien …)

E2 Herr Böse und Herr Streit

FÜA Streit (Eskalation)

Anregungen
- Über eine Tafelskizze (zwei Gärten, dazwischen ein Apfelbaum, darunter die Namen „Herr Böse", „Herr Streit") zum Antizipieren führen: „Dazu fällt euch eine Geschichte ein." (PA oder GA); mutige Schülerinnen und Schüler erzählen sie oder spielen sie vor.
- Zwei Kinder, die gut lesen können, tragen den Text vor; das Verhalten der Männer werten; einfache Beispiele dafür finden, wie ein Streit eskalieren kann.
- Perspektivisches Erzählen aus der Sicht der beiden Männer oder der des Apfelbaums.
- Über den Schluss hinaus schreiben: „Von da an trafen sie sich … beim Äpfelkaufen." Eines Tages sagte Herr Streit zu Herrn Böse …
- Text ändern: andere Namen, andere Streitsituationen, andere Problemlösungen finden; Parallel- oder Gegentexte verfassen: Herr Gut und Herr Schlecht, Frau Schlau und Frau Dumm, Frau Strauch und Herr Baum.

Übersicht: Ziele, Hinweise, Anregungen, Verknüpfungen

- Die (Original-)Geschichte spielen und als Video aufnehmen.

DIFF/FA/NU
- Text (am PC) durch Zeilenumbruch wie ein Gedicht schreiben.

Verknüpfungen
- ⇒ **A 3** (Für mich allein), **A 4** (Der wilde Garten), **E 1** (Warum sich Raben streiten);
- ⇒ **E 6** und **7** (Streit …; Streitereien …);
- ⇒ **I 1** (Alle Kinder dieser Welt)

E2 Das Echo

FÜA Mit Konflikten umgehen
Anregungen
- Die ersten beiden Abschnitte werden vorgetragen (Lehrer bzw. Lehrerin oder ein Schüler bzw. eine Schülerin), ohne die Überschrift zu nennen; Stellungnahmen der Kinder: Wie würden sie das Problem lösen und warum?
- Motivation zum Lesen: Dieser Streit wurde auf eine ganz ungewöhnliche Art beendet.
- Selbstständiges Erlesen (AA: Findest du den Trick bei der Sache heraus?); begründen, ob der Streit auf gerechte Art zu Ende ging; den Humor im Text aufspüren; Ob die Sache mit dem Echo so stimmen kann?
- Mit verteilten Rollen lesen oder vorspielen (Köpfe von Mann und Frau zeichnen, ausschneiden und auf eine Wäscheklammer kleben).
- UG: Nicht jeder Konflikt, nicht jedes Problem kann gelöst werden; wie es mit dem Streit weitergegangen wäre, wenn der Mann seine Frage anders gestellt hätte; andere lustige Lösungen finden; nach dem Ende des Streits führt der Mann ein Telefongespräch.
- Akrostichon oder Rondell zum Thema „Sich streiten – sich versöhnen" verfassen.

DIFF/FA/NU
- Sich Echospiele ausdenken (erst mit einfachen Wörtern: Meise – Eise, Spiel – Piel …, dann mit Wörtern, die es tatsächlich gibt: klagen – lagen, brauchen – rauchen und schließlich mit entsprechenden Fragen wie beim bekannten „Wie heißt der Bürgermeister von Wesel?" – „Esel!").

Verknüpfungen
- ⇒ **E 6–8** (Streit …; Streitereien …)

E3 Der kranke Spatz

FÜA Reaktionen auf einen Streit
Anregungen
- Überschrift nennen, Vermutungen äußern.
- Die Passagen zum Hahn, zur Krähe und zum Rebhuhn verschiedenen Kindern (oder Gruppen) geben, die ihren Abschnitt lesen, später vorlesen oder vorspielen (dabei die Stimme verstellen und die lautmalenden Wörter „krah" und „kikeriki" öfter sprechen).
- Erst wenn diese drei Textteile allen bekannt sind, den ersten Textabschnitt auf einem Folienstreifen präsentieren und auf die Überschrift deuten; RG: Ob der Spatz wirklich krank war? Wieso wurde der Spatz von den anderen vermisst? Ob die Spätzin alle Vorschläge ausprobiert hat? Warum haben all die guten Vorschläge nicht geholfen? Warum erzählt die Spätzin überhaupt, dass der Spatz krank ist?
- Vermuten, worüber der Spatz und die Spätzin gestritten haben; diesen Streit vorspielen.
- Den letzten Abschnitt der Geschichte still erlesen (AA: So ein schlaues Rebhuhn!).
- Die Lieblingsszene malen.
- Eigene Erlebnisse schildern: Nach einem Streit nicht mehr miteinander sprechen; so tun, als ginge es einem ganz schlecht …

DIFF/FA/NU
- Andere Tiere, Pflanzen und auch Menschen einsetzen (der Hund hat sich mit seiner Frau gestritten, sucht Trost bei einem anderen Hund …); dabei können die Kinder die Länge der Gespräche und des gesamten Textes selbst bestimmen; die eigenen Texte in Schattenspiele umsetzen.

Verknüpfungen
- Zu anderen Streitlösungen: ⇒ **E 2** (Das Echo); ⇒ **E 6–8** (Streit …; Streitereien …)

Übersicht: Ziele, Hinweise, Anregungen, Verknüpfungen

E4 Streit der Wölfe

FÜA Das Leben der Indianer
A/P Hier leben die Indios, die Eskimos (Inuit), die … So geht es ihnen jetzt

Anregungen
- Die fünf Textabschnitte in veränderter Reihenfolge präsentieren, von den Kindern in PA zusammenfügen und die Reihenfolge begründen lassen.
- Zum Text: Warum die Indianer den Wölfen helfen; Provokation: „Der Steppenwolf hat seinen Freund verraten!"; den Streit zwischen den Wölfen weiter ausformulieren; nicht mitmachen erfordert manchmal Mut; was wohl aus dem Waldwolf geworden ist.
- Den beiden Wölfen Instrumente zuordnen (weich und hell klingend: Glockenspiel oder Metallophon; dunkel und dumpf: Rassel oder Trommel) oder mit einem Löffel gegen unterschiedlich hoch gefüllte Wassergläser schlagen.
- Ausweitung: Indianer und Natur, eine besondere Verbundenheit.
- Texte einbeziehen: „Meine Worte sind wie Sterne" (Chief Seattle an den Präsidenten der USA, 1855); „Weisheit der Indianer" (Dorothee Sölle); „Das Geräusch der Grille" (Frederik Hetmann).
- Andere Indianergeschichten (-bücher) vorstellen und lesen.
- Querverbindung zum Sachunterricht (Rückkehr der Wölfe nach Deutschland; vom Wolf zum Hund) und zu Deutsch (Der Wolf im Märchen).

DIFF/FA/NU
- Freundschaftsbücher gestalten.

Verknüpfungen
- ⊃ **A 4** (Der wilde Garten), **C 3** (Tatanka …), **E 1** (Warum sich Raben streiten), **E 2** (Herr Böse …); ⊃ **G 6** (Der Hund und der Hahn)

Zu den Arbeitsblättern
- Ideen zur Konfliktlösung entwickeln und formulieren.
- Vereinbarungen nach einem Streit auf- und unterschreiben.
- Streit ohne eine Bewertung der Gegenseite darlegen.
- Immer wieder einen Perspektivenwechsel durchführen.
- Streitregeln aufstellen: Nicht auf Schwächere und Kleinere losgehen, nicht mehrere gegen einen …; Streitschlichter ausbilden.
- Stellungnahmen zu Konflikten bei Erwachsenen: Streit – Gerichtsverhandlung – Krieg; Unterscheidung: ein auf eine Person bezogener Feind und ein Gegner in der Sache.

E5/AB 1 Friedensblume

- Alle schreiben „Frieden" in der Sprache ihrer Wahl (peace, paix, pax, pace, Schalom, shanti) mitten in ihre Blüte, malen die Blume in ihren Lieblingsfarben aus und schneiden sie aus; die Blumen werden auf einen Plakatkarton geklebt.
- Blume vergrößern und in die Blütenblätter in Stichpunkten konkrete Beispiele (s. Gedicht ⊃ **E 1**, Friede) zum Thema „Frieden" schreiben (auch als Gemeinschaftsarbeit).
- Andere Blütenformen erfinden, eine eigene Friedensblume (auch in kleineren Formaten) gestalten, wie ein Mandala ausmalen und die Blumen auf schwarzes Tonpapier kleben.
- Poster, Weltkugel oder Kerze mit dem Wort „Frieden" in verschiedenen Sprachen gestalten.
- Überschrift und AA ändern, dann ist dieses AB vielseitig einsetzbar, z. B. zu ⊃ **H 1** (Worüber wir staunen); **I 2** (Das Märchen von der roten Blumenblüte); ⊃ **K** (Text 4 und 5) und zu anderen Themen wie Glück, Angst, Freude, Staunen, Träumen; „Blume des Glücks" und „Blume der Trauer" von den Kindern ohne farbliche Vorgaben malen und die Farbwahl begründen lassen.

Übersicht: Ziele, Hinweise, Anregungen, Verknüpfungen

E6, 7/AB 2, 3 Streit .../Streitereien ...

- Sich in PA oder GA Streitgespräche ausdenken und vorspielen, ganz ohne Vorgaben des Lehrers bzw. der Lehrerin oder mit wechselnden Vorgaben: verschiedene Streitanlässe, ohne Schimpfwörter auskommen, verschiedene Streitlösungen vorspielen, eine Streiteskalation wiedergeben, zugeben, wenn man im Unrecht war ...
- Tiere zeichnen, Sprechblasen hinzufügen und Texte einsetzen.
- Den Text „Das Gewicht der Schneeflocke" von Fredrik Vahle einbeziehen und als Beispiel für die Beendigung eines Streits vom sachlichen Aspekt her herausstellen; auf andere Streitsituationen übertragen: ⊃ E 1 (Warum sich Raben streiten).
- Alternative: Zuerst einen Text präsentieren und einen Buchstaben selbstständig verschlüsseln lassen; beim Entschlüsseln die Strategie „Verschiedene Vokale einfach ausprobieren" finden und anwenden; Witze oder kurze Prosatexte (auch durch die Wahl eines anderen Buchstabens oder eines Zeichens) mit der Hand oder am PC verschlüsseln; mehr als einen Buchstaben verschlüsseln.

F Anders sein – sich (ver)ändern

„Akzeptiere, dass andere anders sind, anders denken,
anders handeln, anders empfinden, anders sprechen!" *(Phil Bosmans)*

„Gott gib mir die Gelassenheit, Dinge hinzunehmen, die ich nicht ändern kann,
den Mut, Dinge zu ändern, die ich ändern kann,
und die Weisheit, das eine vom anderen zu unterscheiden." *(Reinhold Niebuhr)*

Ziele/Inhalte:
- Die Andersartigkeit von Lebewesen als positiv und bereichernd ansehen
- Seine Meinung über andere nicht vorschnell fassen und gegebenenfalls ändern
- Veränderungen herausfinden, darstellen und bewerten

Weitere Texte: Karlhans Frank: „Du und ich"; Friedrich Rückert: „Vom Bäumlein, das andere Blätter hat gewollt"; Pat Moon: „Mein Freund Max"; Marianne Kreft: „Anja"; Siv Widerberg: „Ausländer"; Ursula Wölfel: „Tim will nicht mehr Tim sein"; Jean de La Fontaine: „Vom Frosch, der dem Stier an Größe gleichen wollte"

Buchtipps: Paul Maar: „Onkel Alwin und das Sams" (2009!), „Neben mir ist noch Platz"; Maritgen Matter/Arke Faust: „Ein Schaf fürs Leben"; David McKee: „Elmar"; Mira Lobe/Susi Weigel: „Die Geggis"; Kathryn Cave/Chris Riddell: „Irgendwie Anders"; Marion Dane Bauer: „Winzling"; Leo Lionni: „Cornelius", „Fisch ist Fisch"; Andreas Steinhöfel: „Rico, Oskar und die Tieferschatten"; Barbara Rath: „Die tibetanische Rennschnecke"; Franz Fühmann: „Anna, genannt Humpelhexe"; Tonke Dragt: „Der Goldschmied und der Dieb: Geschichte von den ungleichen Zwillingsbrüdern"

Kunst:
- Wassily Kandinsky: „Gelb – Rot – Blau"; Salvador Dalí: „Das Kaleidoskop"
- Thema „Sich ändern oder sich verändern" durch Bildserien oder Verfremdungen darstellen.
- Künstler zeigen uns ihre Zeit (Bilder aus verschiedenen Jahrhunderten)

Musik:
- Fredrik Vahle: „In Paule Puhmanns Paddelboot"; Rolf Zuckowski: „Das eine Kind ist so, das andre Kind ist so"; Ludger Edelkötter/Rolf Krenzer: „Ich gebe dir die Hände";

Übersicht: Ziele, Hinweise, Anregungen, Verknüpfungen

> Joachim Schmahl/Jürgen Tamchina: „Das Lied vom Anderswerden und Bleiben";
> Klaus W. Hoffmann: „Im Land der Blaukarierten"; „Wind of Change" von den Scorpions
> - Alte und neue Musik vergleichen.
> - Türkische, spanische, russische ... Musik klingt anders.

F1 | Der eine groß, der andere klein

FÜA Das Leben anderer Kinder in anderen Kulturen (andere Sitten, Sprachen, Spiele, Rezepte und Lieder)

A/P Ich verändere mich und bleibe doch ich selbst

Anregungen
- Impuls: „Der eine groß, der andere klein – der eine leicht, der andere schwer"; die Kinder finden spontan weitere Beispiele; Vortrag der ersten Strophe; „Versteht ihr das?" – die Frage direkt von den Kindern beantworten lassen; warum viele Menschen anders sein wollen.
- Beide Strophen auf dem AB oder dem OHP präsentieren (AA: Finde die Sätze im Gedicht, die für dich am wichtigsten sind); Textstellen wie „Und keiner kann der Beste sein" und „Und niemand sollte traurig sein" thematisieren.
- Weitere Beispiele finden (weiß – schwarz; jung – alt, schlau ...); Bilder dazu malen oder ausschneiden, auf ein Plakat kleben; die entscheidenden Sätze aus dem Text am PC eingeben, ausdrucken und aufkleben; die Vielfalt herausstellen.
- E-Mail-Kontakte zu anderen Klassen, anderen Schulen – auch aus anderen (Bundes-)Ländern – herstellen.
- Wir sorgen für ein ausländisches (krankes, behindertes ...) Kind.

DIFF/FA/NU
- Beispiele zum Thema „Anders sein" aus ganz verschiedenen Bereichen finden (warm – kalt, weich – hart, hell – dunkel, gefährlich – ungefährlich, im Wasser – in der Luft lebend ...), aufschreiben oder malen und aufkleben.

Verknüpfungen
- ⊃ **A 1** (Kinder); **G 1** (Das bin doch ich; Leute); ⊃ **K** (Text 1 und 2)

F1 | Ohne Titel

A/P Gut, dass jeder anders ist

Anregungen
- Die Kinder lesen den Text selbstständig; PG: Fragen zum Text formulieren und der Klasse stellen: Warum ist das Schaf unzufrieden? Warum können Schafe nicht fliegen? Wer ist schuld ...?
- Textvortrag durch die Kinder unter Beachtung der kurzen Verszeilen; an Stelle des Schafes beim Vorlesen ein anderes Tier in den Text einbauen.
- GA: Übertragung des Sachverhalts auf weitere Tiere, auf Pflanzen oder Menschen.
- Fragen aus der Sicht von Menschen formulieren: „Warum bin ich ..., kann ich nicht ...?"
- Transfer zur Musik: In einer Band oder in einem Orchester wird auf ganz unterschiedlichen Instrumenten gespielt und das ist gut so.

DIFF/FA/NU
- Paralleltexte verfassen (auf einfache Art: statt Schaf das Wort Kind oder Mensch einsetzen; auf anspruchsvollere Art: auf zwei andere Tiere oder insgesamt auf die Menschen übertragen; dabei ist es den Schülerinnen und Schülern freigestellt, ob sie die Textstruktur übernehmen oder in Prosa schreiben).

Verknüpfungen
- ⊃ **B 4** (Der Esel und das Pferd); ⊃ **K** (Text 2)

Übersicht: Ziele, Hinweise, Anregungen, Verknüpfungen

F1 Grau und rot

FÜA Das Thema „Anders sein" in Ethik, Religion und Sozialkunde

Anregungen
- Nur die beiden letzten Zeilen des Gedichts vorlesen; die Kinder äußern sich dazu; Alternative: Nur die zweite Strophe vortragen; die Kinder erkennen sofort, um welches Tier es sich handelt und raten, welches das zweite Tier sein könnte.
- Ein Kind liest die erste Strophe vor, ein anderes die zweite; alle Kinder sprechen ohne Textvorlage die zweite Strophe pustend, quiekend ...; Antizipationen: Wie wird das Eichhörnchen wohl reagieren?
- Austeilen des gesamten Textes; Partnerlesen; zur Textstelle „... nur die Esel" Stellung nehmen; Beispiele dafür suchen, wie schnell oft ein Schuldiger oder eine Schuldige gefunden wird: das Tor nicht getroffen, weil ...; schlechte Note bekommen, weil der L...; zu spät gekommen, weil ...; Beispiele für die eigene Unzufriedenheit formulieren.
- Auf den Menschen übertragen (über andere lachen) und zwei Sprechblasen gestalten. 1. „So was sah ich nie!" 2. „Über ... lachen nur die Esel!"; in die Lücke konkrete Beispiele einsetzen.

DIFF/FA/NU
- Eigene kleine Texte schreiben, z. B.: Schwarz und weiß (Pferd und Schmetterling).
- Umsetzung in ein Figurenschattenspiel (auch mit anderen Tieren).

Verknüpfungen
- ⊃ G 1 (Das bin doch ich); ⊃ K (Text 2)

F2 Die blaue Amsel

FÜA Umgang mit Fremden

Anregungen
- Eine leicht zu verstehende Erzählung, die die Kinder selbst erlesen und zu deren Inhalt und Gehalt sie ihre Meinung äußern können.
- Den Ausdruck „sich den Schnabel wetzen" besonders herausstellen.
- UG: Warum es schöner (besser, interessanter) ist, dass Menschen (Tiere, Pflanzen) verschieden sind; jeder ist anders und kann etwas anderes; in einem anderen Land bin ich der oder die andere ...
- Die Geschichte erzählend oder schreibend fortführen: Die Amsel und ihr Amselmann flogen in die Heimat der blauen Amsel. Zusammen bauten sie sich dort ein Nest. Dann ...
- Die Texte „Ausländer" von Siv Widerberg und „Vorfreude" von Hans Manz einbeziehen.

DIFF/FA/NU
- Text übertragen auf die Geschichte vom schwarzen Schaf (Ausdruck: das schwarze Schaf in der Familie) oder auf die Geschichte vom gelben Krokodil, vom weißen Raben ...

Verknüpfungen
- ⊃ B 3 (Hund und Katze), C 4 (Blacky und Bianca), F 3 (Im Viertelland); ⊃ K (Text 1 und 2)

F2 Elvira ist prima

A/P Zueinander halten

Anregungen
- Stilles Erlesen durch die Schülerinnen und Schüler, die sich anschließend spontan äußern können; mit eigenen Worten wiedergeben, warum Elvira prima ist.
- Herausfinden, dass es sich um Erzählsätze handelt, die in Gedichtform aufgeschrieben wurden; diese Tatsache für das Verfassen eigener Texte zum Thema „Freundschaft" (Anke ist prima, Stefan ist ...) nutzen; vor dem selbstständigen Schreiben die Kernaussagen verbalisieren: zu jemandem halten, auch wenn er anders ist oder wenn andere lachen, das Positive an einem Menschen sehen ...; Differenzierungsmaßnahmen sind nicht not-

Übersicht: Ziele, Hinweise, Anregungen, Verknüpfungen

wendig, weil sich die Kinder mehr oder weniger an der Textvorlage orientieren können.
- KG: Beispiele zum Thema „Anders sein" finden; ein anderer Mensch kann ein Fremder, ein Freund, ein Feind, ein Konkurrent oder ein Außenseiter sein.
- Text „Mein Freund Max" von Pat Moon lesen.

DIFF/FA/NU
- Mindmap erstellen, ein Rondell, Akrostichon, Elfchen oder ein freies Gedicht zum Thema „Freunde" verfassen oder Erzählsätze in Gedichtform aufschreiben.

Verknüpfungen
- s. o. (Die blaue Amsel)

F3 Im Viertelland

FÜA Thema „Anders sein" in Ethik, Religion und Sozialkunde

Anregungen
- Textbegegnung über Gruppenlesen (Aufteilung auf die Länder, wörtliche Reden ...); Klang gestaltender Vortrag durch den Lehrer bzw. die Lehrerin und einzelne Kinder.
- Gespräche: Warum die Kinder im Viertelland zwar bunt auf die Welt kommen, aber dann ...; warum sie nicht in die Schule gehen müssen; was sie lernen; wenn alle gleich ausschauen, wenn alles gleich ausschaut ...; wenn sich nichts mehr (ver-)ändern würde und alle das Gleiche denken oder tun; wenn die Menschen „von oben" durch Lautsprecherdurchsagen beeinflusst werden; wieso die Kinder im Viertelland Änderungen herbeiführen konnten; warum sich die Erwachsenen nicht mehr entscheidend verändern.
- Über den Schluss hinaus schreiben: Die Erwachsenen bekommen noch eine Chance.
- Spruchbänder, Plakate und Pappteller passend zum Text gestalten; sich weitere Gegenstände und Spiele zu jedem Landesviertel ausdenken und evtl. bei einer Aufführung verwenden.
- Als Märchenspiel aufführen: Dabei zunächst bunte Kleidung anziehen und darüber ganz rote, gelbe usw., die später einfach ausgezogen wird; Bänder- oder Tüchertänze erfinden.
- Wodurch wir beeinflusst werden (Vorbilder, Werbung ...), dabei positive und negative, gezielte und ungewollte Beeinflussungen unterscheiden.
- Aktuelle Werbetexte kritisch hinterfragen; kleine Statements verfassen: „Ich glaube, dass ...", „Meiner Meinung nach ...", „Weil ..."; eigene Werbetexte erfinden.
- Eine Aufstellung von Wörtern in anderen Sprachen schreiben (sich begrüßen, verabschieden ...).
- Bild: „The dance of youth" von Pablo Picasso.
- Fantasiefiguren malen: Erbs, Roboterredner, grüne, gelbe ... Figuren, Gegenstände ..., Träume in Blau ...
- Ausprobieren: Alle Farben des Malkastens mischen und erkennen, dass ein undefinierbarer, langweiliger „Einheitsbrei" entsteht; aber: Jede einzelne Farbe für sich ist wichtig und schön und kann in vielen Nuancen gemischt werden. Diese Erkenntnis auf den menschlichen Bereich übertragen: Jeder sollte seine eigenen „Farben, Farbtupfer, Farbzusammensetzungen" haben bzw. behalten, ist eine einmalige Person, etwas ganz Besonderes; warum das gut und wichtig ist.
- Melodien zum „Erdbeermarmeladenlied" und „Zitronenblues" erfinden und singen, den „Pflaumentango" tanzen ...
- Lied „Im Land der Blaukarierten" von Klaus W. Hoffmann.

DIFF/FA/NU
- In GA die vier Landesteile mit grünen Häusern ..., roten Badewannen ..., gelben Kanarienvögeln ..., blauen Möbeln ... malen und zu einem großen, runden Plakat zusammenfügen.
- Für das Vorspielen einzelner Szenen: Jedes Kind fährt mit einem Stift seine linke und rechte Hand nach, bemalt die Abbildung mit roten Tupfen oder grünen Streifen ..., schneidet die Umrisse aus und befestigt sie auf der Hand (Klebeband); die farbigen Papierhände werden im letzten Teil ausgetauscht, später dann auf ein Poster geklebt und mit bunt gemischten „Händen" ergänzt.

Verknüpfungen
- s. o. (Die blaue Amsel)

Übersicht: Ziele, Hinweise, Anregungen, Verknüpfungen

Zu den Arbeitsblättern

F4/AB 1 — Wie uns die Zeit Veränderungen zeigt

Zu den Texten „Der Alte" und „Das Samenkorn"

- „Und wenn ich wüsste, dass morgen die Welt unterginge, würde ich heute noch mein Apfelbäumchen pflanzen." Diesen Ausspruch Martin Luthers aufschreiben (oder von den Kindern aufschreiben lassen) und zusammen mit dem Gedicht vom Samenkorn und dem Text „Der Alte" in die Hand der Schülerinnen und Schüler geben; selbstständig erschließen lassen; die Hoffnung, die aus diesen Texten spricht, besonders herausstellen; PG: Warum die Leute über den alten Mann lachen; warum er die Bäume pflanzt; wenn deine Groß- oder Urgroßeltern keine Bäume gepflanzt hätten …
- Den Zusammenhang von Vergangenheit, Gegenwart und Zukunft an weiteren Beispielen herausstellen.
- Darüber staunen, wie lange ein Baum zum Wachsen braucht.
- Die Einstellung „Nur, was mir jetzt nützt, ist etwas wert" thematisieren.
- Text: „Der Baum" von Eugen Roth lesen.
- Ballade: „Herr von Ribbeck auf Ribbeck im Havelland" (Theodor Fontane), auch in der gesungenen Version von Achim Reichel; bei Youtube gibt es dazu eine gelungene filmische Umsetzung www.youtube.com/watch?v=OGPTXevOV_Q und auch einen Ribbeck-Rap (www.youtube.com/watch?v=DiNMIL13AyE).
- DIFF/FA/NU: Wie sich Unscheinbares verändern kann (Vom Ziegelstein zum Haus, vom Pinselstrich zum Bild, von der Note zum Lied …).
- Verknüpfungen: ⊃ H 1 (Wunder); ⊃ K (Text 3 und 11 sowie 4 und 5)

Ergänzungen zu „Das Samenkorn"

- Die Kinder schließen die Augen; zu meditativer Musik bekommen sie ein Samenkorn in ihre Hand gelegt; sie befühlen es, äußern sich dazu und bringen auch ihr Vorwissen zum Thema „Samen" ein.
- Stilles Erlesen; Wenn du das Gedicht vor deinem inneren Auge anschaust, was siehst du?
- PG: Ob die Amsel, die das Korn verschont hat, und die Amsel, die im Nest auf dem Baum sitzt, dieselbe Amsel ist?
- Dieses einfache Beispiel von den Auswirkungen der Gegenwart auf die Zukunft auf uns Menschen übertragen (Umweltschutz, Wasserverschmutzung, Waldsterben, Klimaschutz …).
- Warum manche Samenkörner keimen können, andere nicht; darüber staunen, dass manche Samenkörner jahrhundertelang tief im Boden liegen und dann doch noch keimen können; das Gedicht für eine Wandzeitung in Bilder umsetzen.
- Den Text „Die Bohne" von Josef Guggenmos lesen.
- Zeit veranschaulichen: Vom Samenkorn zum/r …; von der Blumenzwiebel zum/r …
- DIFF/FA/NU: Sich zu einem Beispiel aus dem Tierreich eine Fantasiereise ausdenken oder einen kurzen Sachtext verfassen, z. B. zu Raupe – Puppe – Schmetterling.

Zu den Texten „Die Schnecke" und „Der Tausendfüßler"

- Humor in Bezug auf die Zeit herausstellen und veranschaulichen; die lustigen Texte bei ⊃ K (Zum Schmunzeln und Lachen I und II) einbeziehen; zum Thema „Zeit" auch Text 11.

F5/AB 2 — Die Scholle

- Die Textaussagen auf die Menschen und ihr Verhalten übertragen; sich eine Fantasiegeschichte ausdenken: Warum die Zweige der Trauerweide nach unten hängen; warum das Zebra weder schwarz noch weiß ist; warum die Eule nur in der Nacht aktiv ist …

Übersicht: Ziele, Hinweise, Anregungen, Verknüpfungen

G Sich einfühlen – einander helfen

„O großer Geist, bewahre mich davor, über einen Menschen zu urteilen,
ehe ich nicht eine Meile in seinen Mokassins gegangen bin." *(Gebet der Siouxindianer)*

„Es ist schwieriger, eine vorgefasste Meinung zu zertrümmern als ein Atom." *(Albert Einstein)*

Ziele/Inhalte:
- Gefühle und Erlebnisse beschreiben und zum Ausdruck bringen
- Menschen und Situationen aus unterschiedlichen Perspektiven betrachten und diese verbalisieren
- Herausfinden, dass das Sich-Einfühlen eine wichtige Voraussetzung für Helfen, Zusammenarbeit und Verständigung ist

Weitere Texte: Christian Morgenstern: „Auf dem Fliegenplaneten"; Irmela Brender: „Ich wollt', ich wäre du"; Eva Rechlin: „Der Frieden"; Irmela Wendt: „Uli und ich"; Hanna Hanisch: „Mali vom Berg"; August Kopisch: „Die Heinzelmännchen"

Buchtipps: Michal Snunit/Na'ama Golomb: „Der Seelenvogel"; Gregoire Solotareff: „Du groß, und ich klein"; Andrea Hensgen: „Darf ich bleiben, wenn ich leise bin?"; Christine Nöstlinger: „Susis geheimes Tagebuch. Pauls geheimes Tagebuch"; Jeanette Randerath: „Fips versteht die Welt nicht mehr: Wenn Eltern sich trennen"; Leo Lionni: „Tico and the Golden Wings"; Katherine Scholes: „Sams Wal"; Peter Härtling: „Oma"

Kunst: Henri Matisse: „King's Sadness", „Woman's face", „Gesicht auf rotem Grund"; Vincent van Gogh: „Alter Mann in Trauer"

Musik: Andreas Ebert: „Wenn einer sagt, ich mag dich" („Kindermutmachlied"); „Hilf, Herr meines Lebens" (Religionslied); Klaus W. Hoffmann: „Das Lied von den Gefühlen" („Wenn ich glücklich bin …"); Ludwig van Beethoven: „Ode an die Freude"; Frédéric Chopin: „Trauermarsch"

G1 Das bin doch ich

FÜA Einfühlungsübungen
Anregungen

- Text als Gedankenspiel einsetzen, um die Schülerinnen und Schüler für andere zu sensibilisieren; herausstellen, dass es wirklich vorkommen kann, dass jemand lacht, obwohl er es eigentlich gar nicht will; klären, dass niemand in der Lage ist, sich vollständig in einen anderen Menschen (in ein Tier oder in eine Sache) einzufühlen, dass es aber für einen selbst und für andere sehr positiv ist, wenn man es immer wieder versucht.
- Für das Klassenzimmer eine große Sprechblase mit der Aufschrift: „Das bin doch ich!" herstellen und als Impuls im Laufe des Schuljahres, aus aktuellem Anlass, zur Vertiefung … in den Unterricht einbauen.
- Einfühlungsübungen durchführen.
- Den Schülerinnen und Schülern bewusst machen, dass sich das Leben sehr rasch verändern kann (Unfall, Krankheit, Armut) und man sich dann in einer Situation wiederfindet, für die man vorher kein oder wenig Verständnis hatte; warum es nicht einfach ist, mit Ärger, Freude, Wut richtig umzugehen; Glück, Angst, Ärger, Freundschaft, Wut, Trauer, Versöhnung mit dem Körper (auch nur mit dem Gesicht, mit einer Pantomime, einem Standbild) zum Ausdruck bringen, auch als Ratespiel durchführen.
- RG: Du fühlst so wie ich – ich fühle so wie du! Wie man sich fühlt, wenn man traurig (wütend, schwach, enttäuscht …), fröhlich (zufrieden, anerkannt …) ist; darüber sprechen, ob es Menschen ohne Gefühle gibt.
- Beispiele dafür finden, dass Gerüche, Musik

Übersicht: Ziele, Hinweise, Anregungen, Verknüpfungen

und Bilder bei Menschen zu verschiedenen Zeiten unterschiedliche Gefühle auslösen; unter Einbeziehung verschiedener Sinne freie Texte schreiben: Freude riecht (schmeckt) wie …, sieht aus (fühlt sich an wie) …, klingt wie … (auch mit einem abschließenden Satz: Freude ist …); mit Farben, Linien, Formen oder Musik Gefühle ausdrücken.
- Spezielle Situationen thematisieren: Außenseiter sein (in der Schule, Familie, im Verein); gute/keine guten Noten bekommen; Vorurteile haben; Erfolg und Versagen; der Beste im Fußball, in Musik … sein und plötzlich kommt ein Neuer, ein Besserer hinzu.

DIFF/FA/NU
- Gefühle auf lustige Weise ausdrücken: Ich könnte vor Freude zum Mond und wieder zurück hüpfen, wie ein Känguru springen, einen Igel umarmen, einen Panda küssen.

Verknüpfungen
- ⊃ **B 4** (Der Esel und das Pferd), **F 2** (Die blaue Amsel)

G1 Leute

FÜA Einander helfen

Anregungen
- Text vollständig in die Hand der Kinder geben.
- Gemeinsam herausfinden, dass sich groß und klein zwar auch auf die äußere, v. a. aber auf die innere Größe bezieht; was der Dichter uns damit sagen will; konkrete Beispiele für „Wer den andern hilft" finden.
- Begründungen suchen: Warum tut uns freundliches Verhalten so gut? Auch negative Gefühle können positive Auswirkungen haben (z. B. weil uns Neid oder Wut anspornen).
- In einen Kreis einen lachenden Smiley zeichnen; in anderen Kreisen auf einfache Art andere Gefühle ausdrücken und „lesen", später diesen Gesichtern noch Haare … hinzufügen; Strichmännchen dazuzeichnen.

DIFF/FA/NU
- Adjektive, Verben und Ausdrücke zum Thema „Gefühle" sammeln.
- Slogan „Kleine Leute – ganz groß" in Wort und/oder Bild umsetzen.

Verknüpfungen
- ⊃ **A 1** (Kinder); **F 1** (Der eine groß, der andere klein); ⊃ **K** (Text 1, 2 und 10)

G2 Briefwechsel zwischen Erna und der Maus

A/P Haben Tiere Gefühle?

Anregungen
- Vorbereitete Hausaufgabe (2 Kinder tragen den Text vor) oder Text still erlesen lassen.
- Den Humor im Gedicht aufspüren.
- Die Idee von Guggenmos aufgreifen und zu Themen wie „Sich einfühlen, einander verstehen, einander helfen" einen ähnlichen Briefwechsel verfassen und diesen am PC gestalten; mögliche Handlungsträger: Mensch und Tier, aber auch Tier/Tier, Tier/Pflanze, Mensch/Pflanze …
- Sich lustige Gespräche von Tieren (Haus, Bauernhof, Zoo, Wüste) mit einem frei wählbaren, möglichst ungewöhnlichen Ansprechpartner und der Bitte um Hilfe ausdenken: Floh zum Hund: „Mich juckt es. Laus mich mal!" Hund zum Floh: „Mich juckt es auch. Kratz mich mal!"; die Gespräche zeichnen und in Sprechblasen hineinschreiben.
- Einen (eigenen) Text als Telefongespräch darbieten.

DIFF/FA/NU
- Sich zum Sprichwort „Des einen Freud', des andern Leid" Beispiele ausdenken und in Szenen (Dialogen) vorspielen oder mit Sprechblasen gestalten: Die Kinder freuen sich über den Schnee, die Tiere (die Autofahrer …); auch zu Regen, Sonne, Ferien, Feiern, Sieg und Niederlage …

Verknüpfungen
- ⊃ **A 4** (Der Auerhahn); ⊃ **E 7** (Streitereien mit Humor); ⊃ **K** (Text 4)

Übersicht: Ziele, Hinweise, Anregungen, Verknüpfungen

G3 Der alte Großvater und der Enkel

A/P Alte Menschen
Anregungen
- UG: Eigenartig! Kleine Kinder müssen so viel lernen, das Laufen, Sprechen und Lesen (die Schülerinnen und Schüler ergänzen die Beispiele). Und die ganz alten Leute können plötzlich vieles nicht mehr! Schüleräußerungen dazu.
- Hinführung zum Text: In dem Märchen der Brüder Grimm können Eltern etwas von ihrem vierjährigen Sohn lernen; stilles Erlesen des Textes (AA: Denke dir je einen Satz aus, den du den Eltern, dem Großvater und dem Enkel gern sagen würdest); die gefundenen Sätze vortragen und dazu Stellung nehmen.
- Ausweitung auf andere Situationen, in denen (junge, alte ...) Menschen viel Einfühlungsvermögen zeigen (Probleme beim Umgang mit dem PC, Verständnis für die Situation eines Tieres ...).
- Das Märchen in die heutige Zeit übertragen.
- Transfer mit der Provokation: „Alles Alte ist unnütz!"; Wegwerfen oder „großzügiges" Verschenken alter oder kaputter Dinge; was man aus bzw. mit alten Dingen oder Abfall noch alles machen kann.
- Sätze unterschiedlich sprechen. Froh, traurig ...
- Lied „Alter Mann" von Peter Maffay.

DIFF/FA/NU
- Die goldene Regel „Was du nicht willst, das man dir tu, das füg auch keinem anderen zu" in konkrete Beispiele umsetzen (sprachlich, bildnerisch); Sprechreihen als Hilfe: Ich will nicht ausgelacht, geschlagen ... werden; auch Beispiele aus Tageszeitungen hinzuziehen.

Verknüpfungen
- ⊃ **G 1** (Das bin doch ich), ⊃ **G 3** (Die drei Söhne)

G3 Die drei Söhne

A/P Hilfe im Alltag
Anregungen
- Motivierung zum Lesen: In der Geschichte können zwei Söhne etwas ganz besonders gut, der dritte aber kann nichts Besonderes.
- Zum Text: Zwei Frauen geben an, die dritte ist bescheiden; warum der alte Mann nur einen Sohn sieht; was er damit meint; was die drei Mütter am Schluss zu ihm sagen könnten; Provokation: „Also sind Singen und Radschlagen schlecht!"; weitere Beispiele finden: Tore schießen, rechnen, tanzen ...
- Transfer: Es ist großartig, was manche Menschen schaffen und können (die Kinder nennen Beispiele: Sportler, Sänger, Erfinder ...); andere Menschen sind ganz „normal", machen nicht auf sich aufmerksam; Stellungnahmen zu der Frage, ob die einen oder die anderen deshalb mehr wert sind.
- Wie wir helfen können: freiwilliges Engagement (Naturschutzgruppe, Feuerwehr, Hausaufgabenhilfe); Patenschaft für die Klasse XY oder die Schule YZ.

DIFF/FA/NU
- Paralleltexte erfinden: Die drei Töchter, Enkel, Tanten ...

Verknüpfungen
- ⊃ **H 2** (Wie viel ist ein Glas Honig wert?); ⊃ **K** (Text 10)

Zu den Arbeitsblättern

G4, 5/AB 1, 2 Der alte Sultan

- EA, PA oder GA: Den Lückentext lesen und sich selbst Gefühle, Gedanken und wörtliche Reden dazu ausdenken und vortragen
- oder den Text an den gestrichelten Linien auseinanderschneiden, die einzelnen Streifen nach und nach aufkleben, jeweils die wörtli-

Übersicht: Ziele, Hinweise, Anregungen, Verknüpfungen

- chen Reden aufschreiben (alternativ mit Sprech- und Denkblasen arbeiten), sodass jeder den Platz, den er für seine Einschübe braucht, selbst bestimmen kann
- oder den Text gleich in Verbindung mit dem AB 2 (G 5) lesen und die passenden Textteile einsetzen.
- Weitere Gedanken erfinden; mit verteilten Rollen lesen; den Text aus veränderter Perspektive (Frau, Mann, Wolf, Hund) erzählen; Paralleltexte verfassen (alter Gockelhahn, alte Katze …).
- „Die Bremer Stadtmusikanten" (Brüder Grimm) lesen.

G 6/AB 3 Der Hund und der Hahn

- Herausfinden, dass jeder Schluss möglich ist; mit dem Partner bzw. der Partnerin sprechen und die eigene Entscheidung begründen; die Entscheidung anderer Kinder respektieren; herausfinden, wie viele Kinder sich für A, B, C oder D entschieden haben.
- Die Fabel aus der Sicht des Hundes erzählen und dabei seine Gedanken mit einbauen; den Text in eine Bildergeschichte oder einen Comic umsetzen.
- Verknüpfungen: ⊃ **B 3** (Hund und Katze); **E 4** (Streit der Wölfe)

H Staunen, fragen und entdecken

„Je tiefer man die Schöpfung erkennt, umso größere Wunder entdeckt man in ihr." *(Martin Luther)*

„Nicht müde werden/sondern dem Wunder/leise/wie einem Vogel/die Hand hinhalten." *(Hilde Domin)*

Ziele/Inhalte:
- Die kindliche Neugierde und alle sich daraus ergebenden Fragestellungen stärken
- Gemeinsam „hinter die Dinge" schauen und über das Staunen dazu angeregt werden, sie zu schätzen und zu schützen
- In das Staunen über die Natur auch das Staunen über Entdeckungen und Erfindungen der Menschen einbeziehen

Weitere Texte: Hilde Domin: „Wunder"; Günter Kunert: „Ich bin eine Wolke gewesen"; Jürgen Spohn: „Wie Wo Wann Warum"; Helmut Zöpfl: „Worüber ich staune", „Kinderfragen", „Die Wunder-Samen"; Janosch: „Oh, wie schön ist Panama"

Buchtipps: Gioconda Belli: „Die Werkstatt der Schmetterlinge"; Knister: „Die Sockensuchmaschine"; Boy Lornsen: „Robbi, Tobbi und das Fliewatüüt"; Lila Prap: „Warum"; Shaun Tan: „Geschichten aus der Vorstadt des Universums" (Comic), „Ein neues Land"; Jürg Schubiger/Rotraut S. Berner: „Als die Welt noch jung war"; Franz Hohler/Jürg Schubiger: „Aller Anfang"; Wolf Erlbruch: „Die große Frage"

Kunst: Paul Klee: „Der Seefahrer", „Abenteuer Schiff", „Unterwassergarten"; Vincent van Gogh: „Sternennacht"; Henri Matisse: „Meerestiere", „Weiße Alge"; Claude Monet: „Garten in Giverny"; Gustav Klimt: „Italienische Gartenlandschaft"; Wassily Kandinsky: „Romantische Landschaft", „Sky blue"; Salvador Dalí: „Landschaft mit Schmetterlingen", „Les Elephants"; William Turner: „Sonnenuntergang über einem See"; Pablo Picasso: „Lachender Mond"

Musik: „Air" aus der Orchestersuite Nr. 3 von Johann S. Bach, auch in der Fassung von Bobby McFerrin; Richard Strauss: „Eine Alpensinfonie"; Ludwig van Beethoven: Sinfonie Nr. 6 „Pastorale"

Übersicht: Ziele, Hinweise, Anregungen, Verknüpfungen

H1 Worüber wir staunen

FÜA Schönheit, Reichtum und Vielfalt der Natur
Anregungen
- UG: Was Menschen früher geglaubt haben (Erde eine Scheibe, Mann im Mond, Sonne kreist um die Erde …) und warum.
- Gedicht still erlesen, ausdrucksvoll (mit Untermalung durch Klangschalen) vortragen, schreiben oder am PC tippen und selbstständig illustrieren.
- Worüber staunen wir? Unter Einbeziehung aller Sinne eigene Beispiele (Menschen, Natur, Technik, Weltall …) finden, aber auch Beispiele für die „kleinen Dinge des Lebens" nennen, aufschreiben oder malen.
- Ein Akrostichon zu den Anfangsbuchstaben des Wortes STAUNEN verfassen.
- Die Texte „Über die Erde" von Martin Auer und „Und was ist hinter dem Hügel?" von Ernst A. Ekker einbeziehen.

DIFF/FA/NU
- Collage zum Thema „Staunen" gestalten.

Verknüpfungen
- ⊃ **H 4** (Der Regentropfen); ⊃ **H 7** (Nicht zu sehen …); ⊃ **J 1** (Ich weiß einen Stern; Kleine Erde); ⊃ **K** (Text 5)

H1 Wunder

FÜA Biologie (Vermehrung)
Anregungen
- Das Endlosgedicht lesen und selbstständig Paralleltexte schreiben (Pflaume + Stein, Pfirsich + Stein, Apfel + Kerne), dabei z. B. die Anzahl erhöhen oder den Text um Blüten und Blätter erweitern; auf Haselnussstrauch, Holunder, Erdbeerpflanze … übertragen.
- Transfer: Entstehung von Leben.
- Texte: „Die Wunder-Samen" von Helmut Zöpfl und „Der Keim" von Leonid Chaustow; Bild: „Der Maulbeerbaum" von Vincent van Gogh.

DIFF/FA/NU
- Das Wunder der Pflanzen: Sie kommen durch Schnee, durch Felsen und Steine, durch Asphalt ans Licht; dazu Satzreihen und Anmerkungen schreiben: Ich sah ein Wunder auf dem Dach …, ein Samenkorn in … (oder aus der Tierwelt: Ein Ei im Nest …).

Verknüpfungen
- ⊃ **A 8** (Löwenzahn & Co.), **H 7** (Nicht zu sehen …); ⊃ **K** (Text 4 und 9)

H1 Warum, warum, warum

FÜA Mit Kindern philosophieren
Anregungen
- Herausfinden, dass im Text alltägliche neben ganz wichtigen Fragen stehen; Mut zum Fragen aufbauen und betonen, dass es keine dummen Fragen gibt; Fragenkataloge aufstellen (s. a. ⊃ **K**, Text 4, 8 und 11); gemeinsam tiefer in verschiedene Themenkomplexe eindringen und herausstellen, dass es Fragen gibt, die (nicht) beantwortet werden können; Fragen zu Frage-Gedichten ohne Reim zusammenfügen, z. B.: Warum müssen Menschen sterben? Weshalb gibt es Armut? Wo war ich, bevor ich geboren wurde? Hört die Zeit irgendwann auf? Wie kommt es, dass …?
- Die Texte „Ein Schnurps grübelt" von Michael Ende und „Kleine Frage" von Erich Fried einbeziehen.

DIFF/FA/NU
- Sich in Anlehnung an das Bilderbuch „Warum?" von Lila Prap Fragen ausdenken und dann lustige und/oder sachlich richtige Antworten formulieren: Warum haben Giraffen einen so langen Hals? (Damit sie besser über Zäune gucken können. Weil das Krokodil ihn so lang gezogen hat. Damit sie in

Übersicht: Ziele, Hinweise, Anregungen, Verknüpfungen

den Baumkronen weiden können.) Warum sind Zebras gestreift? (Sie kommen aus dem Gefängnis. Sie können sich nicht entscheiden, ob sie schwarz oder weiß sein wollen ...)

Warum küssen die Igel so vorsichtig?

Verknüpfungen
- ⇒ H 7 (Nicht zu sehen ...); ⇒ K (Text 4, 5 und 11)

H2 Wie viel ist ein Glas Honig wert?

A/P Kleine Tiere – große Leistungen

Anregungen
- Mit dem Partner oder der Partnerin lesen; vermuten, wer mit der Bienenkönigin sprechen könnte; das Gedicht mit verteilten Rollen lesen.
- Zum Text: Provokationen (2700 Euro für ein Glas Honig! 2,30 Euro Stundenlohn!); die Richtigkeit der „Bienenrechnung" per Überschlag prüfen; über die Leistung der Bienen staunen; den Dialog mit dem Partner ausbauen und vortragen; andere Tierrechnungen aufstellen (der Hund fürs Aufpassen, die Vögel fürs Singen ...); Transfer auf den Menschen (die Mutter für ...); Provokation: „Alles muss bezahlt werden!"

DIFF/FA/NU
- Sich weitere Zweiergespräche ausdenken (mit dem Apfelbaum: Ich möchte einen Apfel haben; mit dem Bäcker: Ich möchte einen Brotlaib haben; mit der Kuh ...); Gespräche aufschreiben und als Dialog vorspielen.

Verknüpfungen
- ⇒ H 6 (Erstaunliche Tiere); ⇒ K (Text 4)

H2 Die Tagnachtlampe

A/P Erfindungen der Menschen, gestern – heute – morgen

Anregungen
- Das Gedicht mit dem Partner oder der Partnerin lesen und Fragen zum Text formulieren: Verwandelt diese Lampe auch die Nacht in den hellsten Tag? Was bringt diese Lampe? Will sich Morgenstern über manche Erfindungen und Erfinder lustig machen?
- Beispiele für Entdecker und Entdeckungen (wichtige, gefährliche, lustige, unnütze ...) im Internet suchen; Sprechreihen: Wenn ich erwachsen bin, werde ich ein/e ... erfinden (Fantasie, Realität, Lustiges).

DIFF/FA/NU
- Sich ähnlich „sinnvolle" Erfindungen ausdenken und dazu Vierzeiler verfassen: Eine Hitzekältepumpe, eine Tempostoppmaschine ...; die selbst erdachten Erfindungen in Bilder umsetzen.

Verknüpfungen
- ⇒ C 1 (Glühwürmchen), I 1 (Der Träumer); ⇒ J 5 (Im Jahr 2030) und die Hinweise dazu.

H3 H_2O

FÜA Wasser; Verantwortungsbewusstsein für das Element Wasser aufbauen

A/P Wir haben nur dieses eine Wasser

Anregungen
- Stilles Erlesen (AA: Löse das Rätsel und zeige an jeder Strophe auf, dass deine Lösung stimmt).
- Zum Text: H_2O nur eine chemische Formel? Ohne Wasser können wir (Menschen, Tiere, Pflanzen) nicht leben; Sprechreihen: Wenn wir kein Wasser hätten; wir haben nur dieses eine Wasser auf der Welt (Wiederholung: Wasserkreislauf); warum wir deshalb besonders sorgsam damit umgehen müssten; was Menschen

Übersicht: Ziele, Hinweise, Anregungen, Verknüpfungen

- alles falsch machen; Problematik: zu viel/zu wenig Wasser (Überschwemmungen/Dürre).
- Wassergeräusche mit geschlossenen Augen hören.
- Zum Thema „Wasser" einen Cluster erstellen und dann ein freies Gedicht schreiben.
- Sachtexte zu den vier Elementen lesen oder verfassen.
- Texte einbeziehen: „Sonnengesang" von Franz von Assisi; „Das Wasser", „Das Feuer" von James Krüss; „Weisheit der Indianer" von Dorothee Sölle; „Der Tropfen", „Die Vögel und der Bach" von Josef Guggenmos; „Das Wasser des Lebens" von den Brüdern Grimm.
- Bilder: „End of the Waters" von Friedensreich Hundertwasser; „Hohe See" von Emil Nolde; „Meeresstrand" von Max Beckmann; „Seerosen" von Karl Schmidt-Rottluff; „Stiller Tag am Meer III", „Vogel-Wolke" von Lyonel Feininger.
- Musik hören und vor- oder nachgestalten: „Die Moldau" von Bedrich Smetana; „Wassermusik" von Georg Friedrich Händel; „Forellenquintett" von Franz Schubert; „Jeux d'eau" von Maurice Ravel; „Aquarium" aus „Karneval der Tiere" von Camille Saint-Saëns.

DIFF/FA/NU
- Wortschatzerweiterungen: 1. Wortfeld Wasser: rinnen, fließen ... durch Verben aus dem Gedicht und andere ergänzen; Quelle, Bach, Fluss ..., Regen, Schnee, Tau, Nebel ..., Schweiß, Tränen ... 2. Zusammengesetzte Namenwörter mit Wasser: Wasserfall, Wasserspiegel, Wassertiere, Wasserpflanzen, Regenwasser, Heilwasser ...

Verknüpfungen
- ⊃ H 4 (Der Regentropfen); ⊃ H 5 (Das Märchen vom Wassertropfen); ⊃ K (Text 6 und 7)

H3 The River is Flowing

FÜA Verantwortungsbewusstsein für das Element Wasser aufbauen

Anregungen
- Den englischen Text gemeinsam lesen, das Lied singen, mit Instrumenten untermalen; Wer könnte noch „Mother earth, carry me" sagen? Dazu Beispiele auf Englisch finden.
- Wellen als Bildhintergrund malen, Lied aufkleben.
- Unsere Initiative: Bach, Wald oder Wiese von ... gesäubert.
- Im Lexikon Redensarten zum Thema „Wasser" suchen, Bedeutung klären, (lustige) Bilder dazu zeichnen, andere raten lassen: Wasser in ein Sieb schütten, nahe am Wasser gebaut haben, ein stilles Wasser sein, kein Wässerchen trüben können, einem das Wasser nicht reichen können, bei Wasser und Brot, mit allen Wassern gewaschen sein, das Wasser läuft einem im Mund zusammen, bis dahin läuft noch viel Wasser den Berg hinunter, wie Feuer und Wasser sein.
- Fantasietexte erfinden: Was die Quelle, der Bach, der Stein im Fluss, die Muschel im Meer ... erzählt; Aquarellbilder dazu malen.
- Unterschiedliche Bewegungen des Wassers mit Tüchern darstellen.

DIFF/FA/NU
- Eine Skizze zum Wasserkreislauf zeichnen; die passenden englischen Begriffe dazuschreiben; Wassergeräusche und Wasserkreislauf in Musik umsetzen (Körper- und Orff-Instrumente).

Verknüpfungen
- ⊃ H 7 (Nicht zu sehen ...); ⊃ K (Text 6 und 7)

H4 Der Regentropfen

FÜA Wasserkreislauf

Anregungen
- Den Namen „Sba" an die Tafel schreiben und die Sprechblase: „Ich halte es nicht länger aus!"; die Schülerinnen und Schüler äußern Vermutungen (Alternative: Fantasiereise eines Regentropfens).
- Zum Text: Selbstständiges Erlesen (AA: Sbas

Übersicht: Ziele, Hinweise, Anregungen, Verknüpfungen

Stationen unterstreichen); Sbas Weg in einer Skizze festhalten; Wahres und Erfundenes im Text aufspüren und mit dem eigenen Vorwissen vergleichen; die Zeitangaben im Text hinterfragen; Ob Sba jemals die Erde sehen wird?
- Sich einen Text zum Thema „Sbas Traum" ausdenken; einen Comic erstellen und dabei die Sprechblase „Ich halte es nicht länger aus!" ergänzen: „Ich will hier weg!", „Ich will endlich die Erde sehen!"...
- Gesprächskette: Wir Menschen auf der Erde haben nur dieses eine Wasser (verantwortliches Handeln: Wasser sparen, es nicht verschmutzen ...; Menschen, die ohne bzw. mit ganz wenig Wasser auskommen müssen).
- Text: „Das Wasser" von James Krüss lesen.

- „Wassermusik" von Georg Friedrich Händel; „La mer" von Claude Debussy.

DIFF/FA/NU
- Namen für einen Tropfen erfinden; das Wissen über den Wasserkreislauf nützen und eigene Geschichten über die Reise eines Wassertropfens schreiben (günstig für alle Kinder ist es, dass sie selbst über die Länge der Reise und damit über die Länge der Geschichte entscheiden können; Beispiel für eine ganz kurze Reise: Wolke ➔ Regen ➔ Pfütze ➔ Dampf).

Verknüpfungen
- ➲ H 3 (H_2O; The river...); ➲ H 5 (Das Märchen vom Wassertropfen); ➲ K (Text 6 und 7)

Zu den Arbeitsblättern

H5/AB 1 Papierschnipsel-Geschichte

- Die Kinder berichten von ihren Erfahrungen zum Thema „Wassertropfen".
- Selbstständiges Erlesen (AA: Unterstreiche den Satz, den du am wichtigsten findest).
- Zum Text: Besonders lustige Stellen finden und vorlesen; erklären, warum der alte Troll auf die Idee mit der großen Stadt kommt; der Sprache auf der Spur: der Name „Kribbel-Krabbel"; ... sah, wie es kribbelte und krabbelte.
- Märchen und Realität: Ein Wassertropfen unter dem Mikroskop.

- Mindmap zum Wasser (spendet Leben, heilt, reinigt, löscht den Durst, löscht Feuer, erfrischt, lässt sich mischen, ist gefährlich, zerstört, Lebensraum für ..., Niederschlagsarten, verdunsten, verdampfen, gefrieren ...).
- Fantasiezeichnungen: Der alte Kribbel-Krabbel und/oder die rosa Stadt oder Kribbel-Krabbel aus lauter kleinen Kreisen zeichnen („Schaumfigur").
- Fantasiegeschichten: Wovon Regentropfen träumen.

H6/AB 2 Erstaunliche Tiere

- Tier-Steckbriefe erstellen und Rätsel dazu formulieren.
- Musik hören: „Hummelflug" von Nikolai Rimsky-Korsakov.
- Infos zu den Fragen bei **H 6**: 1. Ein Eisbär riecht Aas noch über eine Entfernung von 32 Kilometern und eine Robbe unter einer zwei Meter dicken Eisschicht. Er kann bis zu einem Jahr umherziehen, ohne zu fressen. 2. Ein Igel trägt auch Hunderte von Samen, die zunächst einmal in seinen Stacheln hängen bleiben und später herunterfallen, auf seinen

Wanderungen weiter. So werden Pflanzen verbreitet. 3. Auf einer ganz normalen Wiese leben mehr als 3000 Tierarten.
- Weitere erstaunliche Leistungen:
  - Junge Blauwale trinken sechs bis acht Monate lang jeden Tag 100 Liter Muttermilch.
  - Das Herz eines ausgewachsenen Blauwals ist ungefähr so groß wie ein kleines Auto.
  - Küstenseeschwalben fliegen um die Welt. Dabei schaffen manche 50.000 Kilometer im Jahr.
  - Ameisen halten sich Blattläuse auf Blättern

Übersicht: Ziele, Hinweise, Anregungen, Verknüpfungen

und melken sie – so ähnlich wie es die Menschen bei den Milchkühen tun.
Die Rote Waldameise wiegt zehn Milligramm, kann aber ein Blatt, das zehnmal so viel wie sie selber wiegt, tragen. Zum Vergleich müsste ein Mensch, der 100 kg wiegt, ein Gewicht von 1000 kg tragen können.
- Springspinnen können bis zu 40-mal so hoch springen, wie sie selbst groß sind. Dann müsste ein Kind, das einen Meter groß ist, …

H7/AB 3 Nicht zu sehen und doch da!

- Beispiele durch die Kinder ergänzen lassen (aus Sachbüchern, Zeitungen, Internet), auf Karteikarten kleben, laminieren und zum Lesen im Klassenzimmer auslegen (die kurzen Texte sind für alle ein Leseanreiz); das Staunen über die Vielfalt und Schönheit der Natur in Beiträgen für eine Schülerzeitung oder die Kinderseite einer Lokalzeitung zum Ausdruck bringen (motivierende Überschriften wählen oder Rätsel formulieren).
- Bereitschaft zur Übernahme von Verantwortung für die (heimische) Natur wecken; Fragehaltung aufbauen: Wie viele, warum, wie kommt es, dass …?; dabei auch Entdecker und Erfindungen einbeziehen.
- Gesprächsketten auf Englisch (oder auf Deutsch): Look, a …/Have you seen a …/It's great … und in diese Sprechreihen immer wieder (gesprochen oder gesungen) wie im Lied von Louis Armstrong „And I think to myself, what a wonderful world" einfügen.

I Träumen und wünschen

„Über die Vergangenheit jammern, von der Zukunft träumen und die Gegenwart verschlafen: Das wäre der Bankrott des Lebens." *(Josef Cascales)*

„Nimm dir die Zeit, um zu träumen, das ist der Weg zu den Sternen." *(aus Irland)*

Ziele/Inhalte:
- Konkrete Beispiele dafür finden, dass Wünsche und Träume (nicht) in Erfüllung gehen (können)
- Darüber nachdenken, dass die Erfüllung von Wünschen positive und negative Folgen haben kann
- (Eigene) Träume und Wünsche auf unterschiedliche Weise zum Ausdruck bringen

Weitere Texte: Michael Ende: „Die Geschichte vom Wunsch aller Wünsche"; Gina Ruck-Pauquet: „Traumbescherung"; Mascha Kaleko: „Der Mann im Mond"; Josef Guggenmos: „Wäre die Wolke ein Kissen"; Hans Arp: „Märchen"; Erika Krause-Gebauer: „Ich träume mir ein Land"; Inge Meyer-Dietrich: „Traumbuch"; Elli Michler: „Ich wünsche dir Zeit"

Buchtipps: Leo Lionni: „Matthew's Dream", „Das größte Haus der Welt"; Mira Lobe: „Die Omama im Apfelbaum"; Sharon Creech: „Der beste Hund der Welt"; Wolf Erlbruch: „Nachts"; Michael Ende: „Die unendliche Geschichte"; Mirjam Pressler: „Nickel Vogelpfeifer"; Julia Posch: „Löwenherz – erfüll dir deine Träume"

Kunst:
- Friedensreich Hundertwasser: „Insel der verlorenen Wünsche"; Marc Chagall: „The Dream"; Henri Matisse: „1001 Nacht", „The Dream"; Pablo Picasso: „Der Traum"; Joan Miró: „Personen und Hund vor der Sonne"; Paul Klee: „Vogelgarten", „Das Tor zur Tiefe"; Wassily Kandinsky: „Himmelblau"; Vincent van Gogh: „Sternennacht"

Übersicht: Ziele, Hinweise, Anregungen, Verknüpfungen

- Gestalten in verschiedenen Techniken zu Themen wie „Meine Traumstadt" (Wunschort, Traumschule, Trauminsel, Traumstern)
- Malen von Träumen

Musik: Detlev Jöcker: „Kinder-Träume-Lied", „Wisst ihr, was die Bienen träumen?"; Gustav Mahler: „Adagietto" aus der 5. Sinfonie (auch zur meditativen Untermalung); Modest Mussorgsky: „Das große Tor von Kiew" aus „Bilder einer Ausstellung"; Robert Schumann: „Träumerei" aus „Kinderszenen"

I 1 Der Träumer

A/P Die Welt von morgen

Anregungen
- Drei gute Leser bzw. Leserinnen tragen den Text mit verteilten Rollen vor (nach einer vorbereitenden Hausaufgabe oder einer GA, bei der sie Begriffe wie „akzeptieren" im Wörterbuch nachschauen); Spontanäußerungen der anderen Schülerinnen und Schüler.
- In PA die einzelnen Träume noch einmal lesen und im Text herausfinden, welche Wirklichkeit wurden, welche nicht und warum; Stellungnahmen zu besonders wichtigen Textpassagen wie „allen zu essen zu geben", „dass alle das lernen, was sie wissen wollen", „ohne Krieg auszukommen"; warum das immer noch nicht möglich ist; ob wir deshalb aufhören sollen, davon zu träumen oder daran zu glauben; einschätzen, ob der Mann ein Träumer ist (Überschrift!); die Reaktionen der anderen Leute bewerten.
- Ausweitung: Wenn Menschen keine Träume mehr hätten; Beispiele für Erfindungen und Entdeckungen suchen, die ohne Träume und Visionen nie Realität geworden wären: der Traum vom Fliegen, von der Entdeckung Amerikas, von der Erfindung des …

DIFF/FA/NU
- Erzählen oder malen, wovon Kinder träumen und was sie sich wünschen (auch in Verbindung mit dem Text ⊃ I 1 (Alle Kinder dieser Welt); die Bilder in einer großen Traumblase anordnen.

Verknüpfungen
- ⊃ **D 1** (Kindergedicht), **H 2** (Die Tagnachtlampe); **J 5** (Im Jahr 2030) und die Hinweise dazu; **K** (Text 10)

I 1 Alle Kinder dieser Welt

A/P Werden Träume wahr?

Anregungen
- RG: Wovon träumen Kinder?
- Gedicht selbstständig erlesen (AA: Den wichtigsten Satz im Gedicht finden → „Manchmal werden Träume wahr").
- Zum Text: Vorlesen, wovon die Kinder im Gedicht träumen; die Anregung von James Krüss aufnehmen und positive, optimistische eigene Aussagen formulieren: „Morgen …"; den Text zu meditativer Musik ausdrucksvoll vortragen.
- Warum Wünsche nach Frieden und Gesundheit auf der Wunschliste der meisten Menschen oben stehen.
- Wünsche in verschiedenen Sprachen zum Ausdruck bringen.
- Das Gedicht „Der Mann im Mond" von Mascha Kaleko einbeziehen.
- Illustrationen zum Gedicht in EA, PA oder GA anfertigen (lasierender Farbauftrag oder Nass-in-Nass-Technik); Bild „Happy city folk" von James Rizzi.
- Ausschnitte aus Beethovens 9. Symphonie („Ode an die Freude") anhören, einzelne Passagen selbst singen oder mitsingen.

DIFF/FA/NU
- Was wünsche ich zu sehen, wenn ich vom Balkon nach unten schaue (bzw. aus dem Fenster)? Reale Welt oder Traumwelt malen.

Verknüpfungen
- ⊃ **A 1** (Kinder), **G 1** (Leute), **J 1** (Ich weiß einen Stern); ⊃ **K** (Text 1 und 2)

Übersicht: Ziele, Hinweise, Anregungen, Verknüpfungen

I 2 Das Märchen von der roten Blumenblüte

A/P Jeder hat Wünsche
Anregungen
- KG: Wenn alle meine Wünsche in Erfüllung gingen, dann …
- Lehrervortrag bis: „und schon ging es mit dem Wünschen so richtig los"; Spontanäußerungen der Schülerinnen und Schüler.
- Stilles Erlesen des restlichen Textes; Stellungnahmen: Warum die Frau unglücklich wurde; wenn sich ein Mensch alles wünschen kann, andere nicht; wenn alle Menschen wünschen könnten und alles in Erfüllung ginge; wenn man ab und zu wünschen könnte; Wünsche haben, aber auch verzichten können; etwas nur haben wollen, weil es ein anderer hat; Werbung erzeugt Wünsche.
- Cluster zu „Was Menschen sich wünschen": etwas, was sie nicht haben, eine bessere Zukunft, Befreiung aus einer Notlage …
- Wunschgeschichten verfassen: Ich wünsche mir, ein … zu sein/Wenn ich ein … wäre/Ich wollt, ich wär ein …; Ich wünsche mir: Eine Lehrerin, die … /Einen Vater, der … (reale Wünsche aufschreiben und optisch ansprechend gestalten).
- Bild „Großer Mohn" von Emil Nolde.

DIFF/FA/NU
- Fantasiezeichnung: Elfe auf einem Blütenblatt.

Verknüpfungen
- ⊃ B 1 (Das Märchen vom Glück), I 3 (Der kleine Fisch), I 4 (Die drei Wünsche)

I 3 Der kleine Fisch

A/P Erfüllbare und unerfüllbare Wünsche
Anregungen
- RG: Ein einziges Mal in meinem Leben möchte ich … (die Kinder ergänzen diesen Satz).
- Textvortrag bis „Ich habe nur diesen einen Wunsch!" Antizipationen und Stellungnahmen: Was für den einen gut ist, kann für andere schlecht sein (auch auf die Menschen übertragen); weitere Tiere, die auf dem Baum sitzen und jammern (wörtliche Rede und Gedanken formulieren); warum Tiere ihren Lebensraum eigentlich nicht verlassen können (konkrete Beispiele nennen).
- Geschichte umkehren: Vom Vogel, der einmal in seinem Leben auf den Meeresgrund tauchen möchte.
- Gedanken und Wünsche in Gedichtform (ohne Reim) untereinander schreiben: Wovon träumst du? Möchtest du ein anderer Mensch, ein Erwachsener, ein Tier, eine Pflanze … sein? Was könntest du dann besonders gut, was könntest du nicht? Möchtest du schnell, langsam, klug … sein?
- Fantasieerzählung oder Märchen schreiben: Vom Regenwurm, der fliegen möchte …
- Bild „Der singende Fisch" von Joan Miró zur Einstimmung oder zum Abschluss einsetzen.

DIFF/FA/NU
- Abenteuer im Land der Farben und Klänge, im Land der Tiere, im Land der Pflanzen.

Verknüpfungen
- ⊃ B 4 (Drei Finken), F 1 (Ohne Titel), G 2 (Briefwechsel …)

I 4 Die drei Wünsche

A/P Wünsche und Verwünschungen in verschiedenen Texten
Anregungen
- Wenn man wünschen könnte (s. Hinweise zu ⊃ I 1).
- Geschichte in die Hand der Kinder geben (AA: Die lustigsten Stellen unterstreichen).
- Zum Text: Wie unbedacht man manchmal Wünsche ausspricht; von eigenen Erfahrungen berichten; warum die Menschen unbedingt reich sein wollen; Wortschatzerweiterung „wünschen", s. Hinweise zu ⊃ B 2

Übersicht: Ziele, Hinweise, Anregungen, Verknüpfungen

(Was das Glück hindert).
- Lustige Paralleltexte erfinden (Ideen wiedergeben oder aufschreiben): Am Text bleiben und sich eine Banane, ein Eis, ein Stück Kuchen … wünschen; diese bleiben statt an der Nasenspitze am Ohr, am Bauch … kleben; Text auf andere Situationen (auch mit ernstem Hintergrund) übertragen.
- Wünsche sammeln, die (nicht) in Erfüllung gehen können.
- Wichtige und nicht so wichtige Wünsche oder Hoffnungen von Menschen malen und zu einem Plakat zusammenstellen.

DIFF/FA/NU
- Die Fantasie anregen, Wunschträume ausformulieren und einen kurzen Text verfassen: Ich wünsche mir ein Pferd, das fliegen kann, einen Hut, der unsichtbar macht, einen Kobold, der das Zimmer aufräumt oder Hausaufgaben macht …
- Nur Satzanfänge vorgeben: Wenn ich ein Millionär (Tennis-Ass, Fußballstar …) wäre, würde ich …/Wenn ich mit meinem Bett fliegen/in einer Schneeflocke schweben könnte …/Wenn ich die Welt verändern könnte, würde ich zuerst …

Verknüpfungen
- ⊃ E 2 (Das Echo), I 2 (Das Märchen von der roten Blumenblüte); ⊃ I 5 (Bilder zu I 4), I 6 (Der erfüllte Wunsch)

Zu den Arbeitsblättern

| I 5/AB 1 | Die drei Wünsche |

- Die Fantasie der Kinder anregen und zunächst nur die Bilder präsentieren; PA: Sich zu den Bildern eine Geschichte ausdenken.
- Alternativen: Zunächst den gesamten Text (oder nur einzelne Abschnitte) lesen, dann die Bilder austeilen.
- Sich mit dem Partner oder der Partnerin eine ähnliche (lustige) Geschichte ausdenken: „Ich wollte, der Käse (der Apfel, die Vase, die Kette …) würde dir an der Nase, am Rücken, am Po … hängen; den eigenen Text illustrieren.

| I 6/AB 2 | Der erfüllte Wunsch |

- Die Kinder entscheiden, ob sie (mit dem Partner bzw. der Partnerin oder in der Gruppe) die ganze Geschichte oder nur einen Teil des Textes in einen Comic umsetzen oder die Geschichte sogar noch ergänzen.
- Andere Texte unter Einbeziehung von lautmalenden Wörtern in Bildergeschichten oder Comics umsetzen, z. B. ⊃ D 3 (Der Glanz des Goldes).

| J | Vom Leben auf unserer Erde |

„Wir sind verantwortlich für das, was wir tun, aber auch für das, was wir nicht tun." *(Voltaire)*

„Erst muss, bevor die Welt sich ändern kann, der Mensch sich ändern." *(Bertolt Brecht)*

Ziele/Inhalte:
- Über die Vielfalt des Lebens auf der Erde staunen und erkennen, dass der Mensch von der Natur und die Natur vom Menschen abhängt
- Sich der Verantwortung jedes Einzelnen bewusst und zum Handeln motiviert werden

Übersicht: Ziele, Hinweise, Anregungen, Verknüpfungen

- Den Zusammenhang zwischen den Aktivitäten der Menschen in der Gegenwart und den Auswirkungen auf die Zukunft erkennen

Weitere Texte: Franz von Assisi: „Sonnengesang"; Chief Seattle: „Meine Worte sind wie Sterne"; Dorothee Sölle: „Weisheit der Indianer"; Frederik Hetmann: „Das Geräusch der Grille"; Fredrik Vahle: „Die Meeresmuschel"; Brüder Grimm: „Das Wasser des Lebens"; Roswitha Fröhlich: „Dort, wo die Welt aufhört"; Martin Auer: „Über die Erde"; Wolfgang Fischbach: „Sternguckerfragen"

Buchtipps: James Krüss: „Die Glücklichen Inseln hinter dem Winde"; Stephen Hawking: „Der geheime Schlüssel zum Universum"; Jutta Richter: „Der Hund mit dem gelben Herzen"; Antoine de Saint-Exupéry: „Der kleine Prinz"; Colette Hellings/Claude K. Dubois: „Paco und Paquita"; Erich Kästner: „Die Konferenz der Tiere"; Dagmar Scherf: „Vorsicht: Paradies"

Kunst: Louis C. Tiffany: „Der Baum des Lebens"; Paul Klee: „Blaue Nacht", „Federpflanze", „Höhlenblüten", „Vogelgarten", „Pflanzen-, Erd- und Luftreich"; Joan Miró: „Der blaue Stern"; Friedensreich Hundertwasser: „Der große Weg", „Friedensvertrag mit der Natur"; Paul Cézanne: „Blaue Landschaft"; Salvador Dalí: „Die brennende Giraffe", „Schwäne spiegeln Elefanten"; Claude Monet: „Untergehende Sonne"; Marc Chagall: „Der Blumenstrauß, der den Himmel erleuchtet"; Paul Nash: „We are Making a New World"

Musik: Detlev Jöcker: „Liebe Erde, ich beschütze dich"; Fredrik Vahle: „Alte, gute Mutter Erde"; Reinhard Feuersträter/Reinhard Horn: „Kinder, Kinder, wir sind Kinder einer Welt"; Cat Stevens: „Morning has broken"; Chris de Burgh: „One World"; USA for Africa: „We are the world"; „Morgenstimmung" aus der „Peer-Gynt-Suite" von Edvard Grieg; Antonín Dvořák: Sinfonie Nr. 9 „Aus der Neuen Welt"

Dokumentarfilme: „Unsere Erde", „Unser blauer Planet", „Nomaden der Lüfte", „Mikrokosmos" u. a.

J1 Ich weiß einen Stern

A/P Künstler zeigen uns die Welt mit ihren Augen

Anregungen
- Gedicht in die Hand der Schülerinnen und Schüler geben und bei meditativer Musik die Verszeilen in EA, PA oder GA von ihnen in einer Technik ihrer Wahl in Bilder umsetzen lassen; die Kinder entscheiden, wie sie den Text (Originalvorlage, selbst geschrieben oder getippt und ausgedruckt) einbauen (als ganzen Text, strophen- oder zeilenweise); Ergebnisse präsentieren und sachlich-kritisch und lobend bewerten.
- Ein Astronaut berichtet: Die Erde, unser blauer Planet.
- Über das Leben auf unserer Erde nachdenken.
- Wortschatzerweiterung: Redensarten (den Himmel bzw. die Hölle auf Erden haben, mit beiden Füßen auf der Erde oder dem Boden stehen, etwas aus dem Boden stampfen, etwas dem Erdboden gleich machen, vom Erdboden verschwinden ...); zu den Redensarten lustige Bilder malen, dann ein AB zusammenstellen: Bilder und Texte ausschneiden, falsch zuordnen; AA an die anderen: Was gehört zusammen?
- „Unsere schöne Welt" (Gestaltung eines Thementages mit Kunstbildern, Postern, Litfaß-Säule, Texten, Liedern, Anliegen und Aufforderungen, Tänzen, Infos aus anderen Ländern und Gegenden).
- „Laudato si" (Religionslied).
- Mit Wasserfarben malen: Silberadern (mit Brauntönen die Erdschichten malen, aus schmalen Alustreifen „Silberadern" aufkleben).
- Bilder „Der blaue Stern" und „La nuit" von Joan Miró.

DIFF/FA/NU
- Mit Erdfarben malen; mit Ton gestalten.

Verknüpfungen
- ➲ A 7 (Nashornida), A 8 (Löwenzahn & Co.); ➲ H 1 (Worüber wir staunen); ➲ H 6 (Erstaunliche Tiere), J 4 (Das Große Barriere-Riff); ➲ K (Text 3, 6 und 7)

Übersicht: Ziele, Hinweise, Anregungen, Verknüpfungen

J 1 Kleine Erde

FÜA Unsere Planeten
A/P Deine, meine, unsere Welt
Anregungen
- Vorwissen zum Sonnensystem abrufen.
- Augen schließen; ein Kind trägt das Gedicht zu leiser Musik vor; die Kinder sofort von anderen Sternen träumen lassen; wer möchte, darf seinen Traum erzählen, malen oder aufschreiben.
- Kleine oder große Erde? Im Vergleich zu … ist sie klein, im Vergleich zu … groß; einen Kreis zeichnen und ausschneiden, Länder und Wasser mit Farbstiften andeuten. Dazu ein RG: Die Erde ist groß und doch so klein.
- Gedankenspiele: Außerirdische beobachten uns Menschen und meinen: „…"; Besuch von einem anderen Stern.
- Auf einem Blatt um eine Weltkugel herum das Wort „Frieden" oder „Menschen" in verschiedenen Sprachen anordnen.

DIFF/FA/NU
- Das Gedicht schreiben und in eine Weltkugel (in den Weltraum) kleben.

Verknüpfungen
- ⊃ **F 3** (Im Viertelland), **I 1** (Alle Kinder dieser Welt); ⊃ **J 4** (Das Große Barriere-Riff); ⊃ **K** (Text 6 und 7)

J 2 Letzte Warnung

A/P Die Zukunft beginnt jetzt (Initiativen heute, Auswirkungen auf die Zukunft)
Anregungen
- Text ohne Absender und Empfänger vortragen; Begriffe „krepieren" und „entmündigen" klären, erst danach Vermutungen über Absender und Empfänger anstellen und begründen.
- Die Aussagen in den Zeilen auf den Wahrheitsgehalt prüfen, Ursachen nennen.
- KG: Ist es schon zu spät? Was müssen wir tun?
- Vom Umgang der Menschen mit den Tieren: Tiertransporte, Jagd (z. B. nach Elfenbein), Käfighaltung, Mast u. Ä. thematisieren.
- Ein Pro-und-Kontra-Gespräch in eine Gerichtsverhandlung umsetzen.
- Antwort der Erwachsenen an die Kinder formulieren; Texte verfassen: Die letzten Bäume, Tiere, Wiesen, Wälder, Seen.
- Alternative: Texte ⊃ **J 2** und **J 3** von den Kindern selbstständig lesen und vorstellen lassen.

DIFF/FA/NU
- Texte erfinden: Ein Tag im Leben eines Vogels, eines Hundes, eines Löwen … und dabei die Menschen aus der Sicht des Tieres schildern.

Verknüpfungen
- ⊃ **A 4** (Der Auerhahn), **A 5** (Ganz neue Fische), **I 1** (Alle Kinder dieser Welt), **J 2** (Abendgebet der Tiere), **J 3** (Als die Tiere verschwanden)

J 2 Abendgebet der Tiere

A/P Die Hoffnung nie aufgeben
Anregungen
- Den ersten Teil des Gedichts von einem Schüler oder einer Schülerin vorlesen lassen, die Fragen sollen von allen Kindern beantwortet werden, den zweiten Teil selbstständig lesen.
- Zum Text: Die Verzweiflung, das drängende Bitten aufspüren (Wiederholungen: ein wenig nur, ein klein wenig nur …) und dementsprechend vortragen; beim Vortrag auf die Anordnung der Wörter pro Zeile achten; warum der Text mit Gebet (Abendgebet!) überschrieben ist und nicht nur als Brief oder Bitte formuliert wurde.
- Die Antwort eines Kindes an die Tiere formulieren: Liebe Tiere, wir …; andere Gebete zu

Übersicht: Ziele, Hinweise, Anregungen, Verknüpfungen

dieser Thematik erfinden.
- KG: Wenn es keine Vögel, Menschen, Sterne, kein Licht ... gäbe.
- Lied „Wie beten die Bienen zu Gott?" von Detlev Jöcker.
- Bild „Fleur du soir" von Pablo Picasso.
- Text „Ernste Frage" von Jürgen Spohn lesen: „Was tut man gegen die Menschenplage?"

DIFF/FA/NU
- Parallelgedicht verfassen: Abendgebet der Pflanzen.

Verknüpfungen
- ⇨ **A 4** (Der Auerhahn), **A 5** (Ganz neue Fische), **I 1** (Alle Kinder dieser Welt), **J 2** (Letzte Warnung), **J 3** (Als die Tiere verschwanden)

J 3 Als die Tiere verschwanden

A/P Vom Aussterben bedroht

Anregungen
- Auf freiwilliger Basis an die Schülerinnen und Schüler als zusätzliche Hausaufgabe austeilen, die jeweiligen Abschnitte immer an zwei Kinder, die sich den Text dann aufteilen (auch zum Lesen mit verteilten Rollen).
- Den vorbereiteten Text nach und nach wie eine Fortsetzungsgeschichte vorlesen; jeweils mit Spontanäußerungen und Antizipationen der anderen Kinder; Wahres und Erfundenes im Text aufspüren; was die Menschen nie mehr sehen, hören, fühlen ... können, wenn die Tiere verschwunden sind; über den Schluss hinaus schreiben mit einem guten (oder traurigen) Ende; einen Brief der Tiere an die Menschen aufsetzen; die Titelseite einer Zeitung vom Mars gestalten: Zuwanderung von Tieren ...
- Schreiben eines Gruppenaufsatzes zum Thema „Als die Pflanzen verschwanden": Eine Gruppe übernimmt die Rahmenhandlung, weitere Gruppen Brief, Interview, Illustrierung, das Schönschreiben oder Tippen am PC und eine „Spezialistengruppe" ergänzt und verbessert (Alternative: Thema eingrenzen auf „Als die Bäume, Blumen, Gräser ... verschwanden").
- Den vorgegebenen oder einen eigenen Text als Bildergeschichte oder Bilderbuch gestalten.
- Ein Tier und ein Kind skypen miteinander, um das Schlimmste zu verhindern.
- Einen (freien) Freudentanz der Tiere in der neuen Heimat gestalten.
- Bilder: Einlinienzeichnungen (Pferd, Eule, Kamel, Hund) von Pablo Picasso.

DIFF/FA/NU
- Sich ein szenisches Spiel (oder nur kurze Einzelbeispiele) ausdenken: Der Weltrat der Tiere hält eine Sitzung ab (Namen und Parteien erfinden: Präsident Schildkröterich Schikrö von der Partei „Bündnis der Landtiere", weitere Teilnehmer: Kuh Schecki, Partei der Grasfresser ...); die Sitzungen werden vor oder nach dem Entschluss der Tiere, die Erde zu verlassen, durchgeführt und Stellungnahmen, Debatten, Beschlüsse mit oder ohne Tagesordnungspunkten formuliert (FÜA: Gemeinde- oder Stadtratssitzung).

Verknüpfungen
- ⇨ **A 4** (Der Auerhahn), **A 5** (Ganz neue Fische; Hört einmal zu!), **J 2** (Letzte Warnung; Abendgebet der Tiere)

Zu den Arbeitsblättern

J 4/AB 1 Das Große Barriere-Riff

- Von guten Lesern und Leserinnen als Text oder Kurzvortrag vorbereiten und präsentieren lassen (alternativ: Fantasiereise zum Korallenriff); weitere Internetrecherchen initiieren; Bedrohung der Umwelt an diesem Thema aufgreifen (Riffe schützen die Küsten vor Wellenbrechern, Fischer zerstören Riffe durch „schlechte" Netze, Verschmutzung des Meeres, Erderwärmung, Rolle der Touristen); Naturschutzfragen thematisieren.

Übersicht: Ziele, Hinweise, Anregungen, Verknüpfungen

- „Märchen" in der heimischen Natur entdecken.
- Kreatives Schreiben: Das Märchen von der Meeresschildkröte, die von einem Vogel hört, dass sie an Land viele Schwestern hat. Eines Tages nimmt sie allen Mut zusammen und …; vom Korallenfisch, der seine Farbe und/oder Größe verändern kann; das Märchen vom König der Barsche, der den Putzerfischen in seinem Maul Unterschlupf bietet. Doch dann …; das Märchen von der Krake, die aus der Flasche aufsteigt; das Märchen von der großen Muschel (vgl. Grimms Märchen Simeliberg: „Semsi, öffne dich"): Es lebte einmal eine riesengroße Muschel mit Namen Muschula in einem tiefen, tiefen Meer, mit der es eine ganz besondere Bewandtnis hatte: Immer wenn kleine Fische oder andere kleine Lebewesen in Gefahr waren, riefen sie rasch: „MU Ö DI!", und schon öffnete die Muschel ihre Schalen und sie waren in Sicherheit. Eines Tages …
- Mit Farben (Farbfamilien) „spielen"; Pinseltänze; Gemeinschaftsarbeit (Collage): Meereslebewesen oder Fantasiekorallen in verschiedenen Techniken und Größen malen, ausschneiden, aufkleben, wobei jedes Kind mindestens eine Koralle gestaltet und die Anordnung auf dem Plakat miteinander abgesprochen wird.
- Buch/Film: „Findet Nemo". Der orangefarbene Clownfisch des Riffs wurde als Zeichentrickfigur im Film bekannt.

J5/AB 2 | Im Jahr 2030

- Im Internet recherchieren und Stichpunkte wie „Das sprechende Haus", „Schlaue Kleidung", „Zukunftstechnik", „Autos der Zukunft" anklicken und lesen, dass es im intelligenten Haus tatsächlich schon Gespräche z. B. zwischen Rollladen und Mensch gibt („Rollladen hoch!" – „Ich habe Sie nicht verstanden!"), dass Kühlschränke Einkaufslisten erstellen, dass es Fernsehsessel mit eingebautem Gesundheitstrainer gibt …
- UG: Alles kostet Energie; woher der Strom kommt; wenn der Strom ausfällt, die Batterie leer ist, die Solarzellen nicht ausreichen; der/die … kaputt ist.
- Zukunftsvisionen: Die Welt von morgen (Landschaften und Städte, Fahrzeuge, Personen, Alltagsgegenstände) malen oder Gegenständen auf Bildern und Fotos ein futuristisches Aussehen verleihen.
- Zukunftsgeschichten erfinden.
- Gemeinsam eine Wandzeitung oder ein Wandfries gestalten.
- Bild „Das 30 Tage Fax Bild" von Friedensreich Hundertwasser.
- Weiterer Text: „Speisekarte im Jahr 2028" von Michail Krausnick.

K | Kurze Zusatztexte

Ziele/Inhalte:
- Zu gemeinsamen Gesprächen motiviert werden (auch zu Fragen, die nicht gelöst oder beantwortet werden können) und dabei andere Meinungen akzeptieren
- Die Kinder in ihrem guten Gefühl für Unpassendes, Ungereimtheiten und Ungerechtigkeiten und in ihrer Vorstellungskraft stärken
- Zum Nachdenken, Argumentieren, Innehalten, Nachfragen, Sich-Besinnen angeregt werden
- Einzelne Themengebiete auch einmal von der humorvollen Seite angehen

Anregungen zu K 1–K 3
Die kurzen Texte an verschiedenen didaktischen Orten (Ausgangspunkt, Schluss …) einer Thematik im Klassenverband, in EA, PA oder GA einsetzen; zusätzliche Informationen in Sachbüchern, Lexika und im Internet einholen; die Ergebnisse sachlich richtig und optisch ansprechend präsentieren.

Übersicht: Ziele, Hinweise, Anregungen, Verknüpfungen

Text 1, 2, 3 und 5

- In Verbindung mit ⊃ **A, F, H** und **J** (und den Hinweisen dazu) einsetzbar.

Text 4

- Pädagogischer Aspekt: Dazu motivieren, einfach etwas auszuprobieren und nicht immer lange darüber nachzudenken oder zu befürchten, dass etwas nicht geht; so den Entdecker- und Erfindergeist stärken; Paralleltext verfassen: Eine Ente weiß nicht, wie das Schwimmen funktioniert, schwimmt einfach …
- Sachlicher Aspekt: Die Hummel hat eine Flügelfläche von 0,7 Quadratzentimetern und ein Gewicht von 1,2 Gramm. Nach den Gesetzen der Aerodynamik ist es unmöglich, bei diesem Verhältnis zu fliegen (Paradoxon der Hummel). 1996 konnte jedoch nachgewiesen werden, dass die Hummeln beide Flügelpaare bis zu 200-mal pro Sekunde in sehr exakten, kreisförmigen Bewegungen schlagen, dadurch große Luftwirbel erzeugen und somit fliegen können.
- Musik: „Hummelflug" von Nikolai Rimski-Korsakow.
- Verknüpfung zu ⊃ **H 6** (Erstaunliche Tiere).

Text 6 und 7

- A/P: „Plastik ist Gift für das Meer" (wird irrtümlich gefressen, Tiere verfangen sich darin oder ersticken, Chemikalien werden freigesetzt).
- Wasser sparen: Hahn beim Zähneputzen immer wieder zudrehen; ein einziger tropfender Wasserhahn verschwendet 45 Liter Wasser pro Tag …
- In Verbindung mit ⊃ **H 3, 4** und **5** einsetzbar.
- „Das Wasser des Lebens" von den Brüdern Grimm lesen.

Text 8

- Zum Thema „Wer ist reich? Wer ist arm? Ist das gerecht?": Auf mehrere Pappscheiben oder -teller auf die eine Seite einen lachenden, auf die andere Seite einen traurigen Smiley zeichnen; mehrere Kinder stellen sich mit diesen Schildern in einer Reihe auf, die anderen formulieren Aussagen z. B. zum Wohnen: „Einige Menschen wohnen in einem eigenen großen Haus mit ganz vielen Zimmern und einem riesengroßen Garten.", „Einige Menschen wohnen in einem Haus mit kleinem Garten.", „… in einer Eigentumswohnung.", „… in einer Mietwohnung im 3. Stock.", „… in einer Hütte aus Stein oder Holz.", „Einige Menschen wohnen in einem Zelt."; gemeinsam überlegen die Kinder mit den Smileys, wer nun reich oder arm ist und wann das lachende oder das traurige Gesicht hergezeigt werden muss; schnell stellt sich heraus, wie schwierig es ist, eine genaue Grenze zu ziehen und dass es auf den Vergleich ankommt (zur Veranschaulichung einige unterschiedlich große Kinder vergleichen und Sätze formulieren: Sandra ist groß, im Vergleich zu Timo ist sie klein …); darüber nachdenken, ob das Vergleichen unzufrieden macht, ob reiche immer auch glückliche Menschen sind …

Übersicht: Ziele, Hinweise, Anregungen, Verknüpfungen

Text 9

- Die Bedeutung des Textes gemeinsam erschließen und konkretisieren, z. B. an Begabungen von Menschen; Beispiele für weitere Wünsche finden; darüber nachdenken, ob und wie diese Wünsche erfüllt werden können.

Text 10

- Verschiedene Beispiele aus allen Lebensbereichen suchen, vorstellen und bildnerisch gestalten.
- „Kleine Taten, die man ausführt, sind besser als große, die man plant." (George Marshall)
- Bild „Ohne Titel" (aus dem Jahr 1987) von Keith Haring.

Text 11

- In Verbindung mit dem Sachthema „Zeit" einsetzen; Erfinden von Zeitreisen (auch Fantasiereisen) in die Vergangenheit oder in die Zukunft (mündlich oder schriftlich, allein oder mit Partner); Gesprächskette: Was in diesem Augenblick (bei uns, in unserem Land, auf der Welt) alles passieren könnte; sich Frage-Gedichte ausdenken mit den Anfängen „Warum, wieso, weshalb, wie?".
- Verknüpfungen zu ⊃ F 4 (Wie uns die Zeit Veränderungen zeigt) und zu J 5 (Im Jahr 2030).

Anregungen zu K 4 und K 5
- Einsatzmöglichkeiten der humorvollen Texte: „nur" zum Lesen, Schmunzeln und Lachen; als Ausgangspunkt für die Erstellung eigener Aufgaben am PC (Anregungen siehe z. B. ⊃ F 5); zum Vorlesen und Vorspielen (Ein gespielter Witz ist ein Sketch! Auch schüchterne und/oder Kinder mit anderer Muttersprache trauen es sich zu, so kurze Texte vorzuspielen.); als Ausgangspunkt für die Suche nach anderen lustigen Texten; Lieblingswitze abschreiben oder tippen und illustrieren, zu einem Witzbuch der Klasse zusammenstellen.

A Um uns herum

Kinder
(Rainer Schnurre)

Wir Kinder
mit der weißen Haut
sind nicht die einzigen Kinder auf der Erde

Wir Kinder
mit der schwarzen Haut
sind nicht die einzigen Kinder auf der Erde

Wir Kinder
mit der gelben Haut
sind nicht die einzigen Kinder auf der Erde

Wir Kinder
mit der roten Haut
sind nicht die einzigen Kinder auf der Erde

Wir sind alle gleich

Wenn Kinder mit roter Hautfarbe
und Kinder mit schwarzer Hautfarbe
und Kinder mit weißer Hautfarbe
und Kinder mit gelber Hautfarbe
zusammen spielen
dann streiten sie sich schon mal
um einen Ball eine Puppe oder wer Erster ist
aber wir Kinder vertragen uns immer wieder

Kinder
mit gelber roter weißer und schwarzer Hautfarbe

Auch wenn wir uns einmal streiten
wir vertragen uns immer wieder

Wir die Kinder auf der ganzen Welt

© Rainer Schnurre

Ich bau mir ein Nest
(unbekannter Verfasser)

Gedränge im Bus.
Gewimmel im Supermarkt.
Ich bau mir ein Nest.

Die Autos hupen.
Der Presslufthammer ballert.
Ich bau mir ein Nest.

Die CDs dröhnen.
Der Homecomputer rattert.
Ich bau mir ein Nest.

Das Radio plärrt.
Die Fernsehbilder zucken.
Ich bau mir ein Nest.

Die Nachbarn schreien.
Meine Eltern sind müde.
Ich bau mir ein Nest.

Von der besten und der schlechtesten Sache der Welt

(Erzählung aus Kuba)

Eines Tages entschloss sich der große Herrscher der Welt, Obatalah, die Herrschaft über die Welt in die Hände eines anderen zu legen. Der Erste, an den er dabei dachte, war sein treuer Gehilfe Orula. Doch Orula war noch jung und Obatalah befürchtete, dass er nicht genügend Erfahrung für so eine schwere Aufgabe haben würde. Deshalb wollte er seine Klugheit auf die Probe stellen. Er ließ ihn holen und befahl, er solle ihm die beste Speise bereiten, die er zubereiten könne.
Orula gehorchte und ging auf den Markt. Eine Weile schaute er sich um, was zu kaufen wäre, und schließlich erwarb er eine Rinderzunge. Zu Hause kochte und würzte er sie und brachte sie dann dem großen Herrscher. Obatalah kostete die Zunge und war sehr zufrieden. Er lobte Orula und fragte: „Sag mir, Orula, warum du gerade die Zunge gewählt hast, als du auf dem Markt einkaufen warst." „Großer Herrscher", antwortete Orula, „eine Zunge ist eine sehr wichtige Sache. Mit der Zunge kannst du eine gute Arbeit loben und jenem danken, der eine gute Tat vollbracht hat. Mit der Zunge kannst du gute Nachrichten verkünden und die Menschen auf den rechten Weg führen. Und mit der Zunge kannst du sogar den Menschen erhöhen und ihn zum Herrscher machen", fügte Orula lächelnd hinzu. „Alles, was du sagst, stimmt", sagte Obatalah und dachte bei sich: „Orula ist ein sehr weiser Mann."
Doch der große Herrscher entschloss sich, Orula noch einmal auf die Probe zu stellen, und sprach zu ihm: „Du hast mir die beste Speise bereitet. Jetzt wünsche ich, dass du mir die schlechteste Speise bereitest, die du dir ausdenken kannst."
Orula ging abermals auf den Markt. Ein Weilchen nur blickte er sich um, was zu kaufen wäre, und dann erwarb er wieder eine Rinderzunge. Er brachte sie nach Hause, kochte und würzte sie und trug sie zu Obatalah. Als der große Herrscher abermals eine Zunge auf dem Teller sah, wunderte er sich und sprach: „Zuerst hast du mir eine Zunge als beste Sache der Welt gebracht, jetzt bringst du sie mir als schlechteste Sache der Welt. Wie willst du mir das erklären?"
„Großer Herrscher", antwortete Orula, „die Zunge ist eine sehr wichtige Sache. Mit der Zunge kannst du den Menschen zur Arbeit antreiben und seinen guten Ruf vernichten. Mit der Zunge kannst du die Menschen ins Verderben stoßen und sie um ihren Lebensunterhalt bringen. Mit der Zunge kannst du deine Heimat verraten und dein Volk in Knechtschaft stürzen."
Als Obatalah das hörte, sagte er zu Orula: „Alles, was du sagst, ist wahr. Obwohl du noch sehr jung bist, bist du doch ein sehr weiser Mann."
Und er legte die Herrschaft über die Welt in Orulas Hände.

A Um uns herum

Für mich allein
(Josef Guggenmos)

Herr Graps hatte sich ein schönes Haus gekauft. Um das Haus lag ein großer Garten mit vielen Obstbäumen. Im Herbst schleppte der gute Mann zwei Zentner Birnen und fünf Zentner Äpfel in seinen Keller.
Eines Tages nahm er Leiter, Farbtopf und Pinsel und malte mit großen Buchstaben an die Hauswand:

FÜR MICH ALLEIN

Alles, was der lange Zaun umschloss, war nur für ihn da. Für ihn und für sonst niemanden auf der Welt! Das war es, was ihn am meisten freute.
Der Winter kam, der Winter ging.
An einem schönen Frühlingstag stand Herr Graps vor einem Birnbaum. Die erste Blüte war aufgegangen. Von irgendwo kam eine Biene geflogen. Sie stocherte eifrig auf der Blüte herum und schwirrte dann davon. Herr Graps sah ihr nach. Da riss er plötzlich die Augen auf und schrie: „Waaas!" Er hatte es genau gesehen. Die Biene war über den Zaun in den Garten des Nachbarn geflogen und dort schnurstracks zum Bienenhaus geeilt. Als winziger Punkt verschwand sie im Flugloch. „Dieb!", rief Herr Graps ihr nach. Schwupp, schon war die nächste Biene da. „Gesindel!", rief Herr Graps. „Glaubt ihr, ich lasse mir von euch meine Blüten plündern, damit sich der Nachbar Honig aufs Butterbrot streichen kann? Die Blüte gehört mir. Mir!"
Wütend schlug er nach der Biene. Im nächsten Augenblick fühlte er einen brennenden Stich auf der Nase. Bebend vor Zorn stand er da. Am liebsten hätte er um seinen Garten eine Mauer bis zu den Wolken hinauf gebaut. Da das nicht ging, dachte er sich etwas anderes aus. Er kaufte einen feinen, festen Stoff und band über jeden Zweig, der Blütenknospen trug, ein Häubchen. Während der nächsten Wochen irrten täglich Bienen durch den Garten. Ratlos flogen sie um die Häubchen, aus denen es verlockend duftete. Herr Graps lachte höhnisch.
Als die Zeit der Blüte vorüber war, nahm er die Stoffe von den Zweigen. Im Geräteschuppen legte er sie bereit für den nächsten Frühling. Aber schon im Herbst holte er das dicke, schön verschnürte Bündel wieder hervor. Er warf es in das Feuer, in dem er kranke Äste, Kohlstrünke und anderen Abfall verbrannte.
In diesem Jahr hatte er mit der Ernte nicht viel Mühe. Eine einzige Birne, das war alles, was es zu pflücken gab. Sie hing dort, wo sich die Bienen auf der Blüte getummelt hatten. Die Bienen waren zuvor in anderen Gärten gewesen und hatten fremden Blütenstaub mitgebracht. So hatte sich eine Frucht bilden können.
Herr Graps dachte nun nicht mehr daran, um seinen Garten eine Mauer bis zum Himmel zu bauen. Er freute sich, dass die Bienen des Nachbarn so nahe waren und dass sie so gern über seinen Zaun flogen.
Eines Tages nahm er Leiter, Farbtopf und Pinsel und malte zu der Schrift an seiner Hauswand einige Buchstaben hinzu. Nun steht dort:

FÜR MICH ALLEIN KANN ICH NICHT SEIN

© Therese Guggenmos

A Um uns herum

Der wilde Garten
(unbekannter Verfasser)

Herr Krause von der Nachbarfirma
schimpft über'n Zaun die Tante Irma,
weil rund ums alte gelbe Haus
zu sehen sei so mancher Graus,
weil Busch und Gras zu wild gedeih'n
und gar so laut die Vögel schrei'n.
Sie soll – so möcht' er – Raupen, Kröten
und all die andern Tiere töten.
„Viel Ordnung herrscht in meinem Garten,
das kann ich auch von euch erwarten",
zeigt Krause dann auf seinen Rasen:
„Hier gibt es keine wilden Hasen,
kein Unkraut wächst, nicht mal 'ne Kiefer,
hier findet man kein Ungeziefer."
Doch Tante Irma sagt kein Wort.
Ihr Garten ist der richt'ge Ort
für all die freien, wilden Spiele.
Und Kinder kommen täglich viele,
von nah und fern, vom Nachbarhause,
darunter auch der Bub von Krause.

Der Auerhahn
(Josef Guggenmos)

Im Bergwald,
in stiller Berg-Einsamkeit
lebte ein Auerhahn
alle Zeit.

Jetzt musste
eine Straße her,
hinauf auf den Berg,
für den Fremdenverkehr.

Der Auerhahn,
der Auerhahn
hörte den Krach
mit Grauen an.

Die Autos
und die Laster,
die mag er nicht,
die hasst er.
Er flog davon,
floh weit, weit, weit
und kommt nie wieder
in Ewigkeit.

© 2006 Beltz & Gelberg in der Verlagsgruppe Beltz,
Weinheim & Basel

Um uns herum

Ganz neue Fische
(Erwin Grosche)

Plötzlich finden wir in unseren Seen und Flüssen eine Anzahl neuer Fische vor, die sich von Tag zu Tag vermehren. Hier ist nun eine erste Aufstellung der wichtigsten und bekanntesten der neuen Fische:

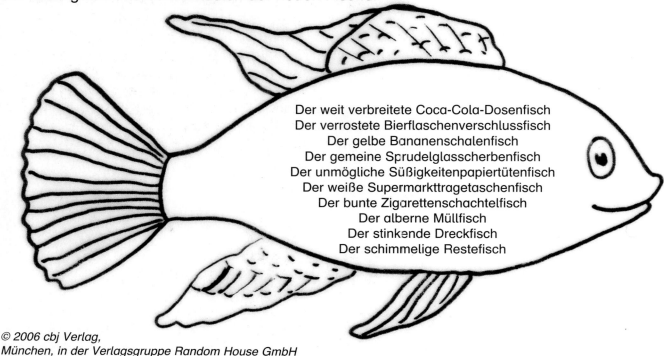

Der weit verbreitete Coca-Cola-Dosenfisch
Der verrostete Bierflaschenverschlussfisch
Der gelbe Bananenschalenfisch
Der gemeine Sprudelglasscherbenfisch
Der unmögliche Süßigkeitenpapiertütenfisch
Der weiße Supermarkttragetaschenfisch
Der bunte Zigarettenschachtelfisch
Der alberne Müllfisch
Der stinkende Dreckfisch
Der schimmelige Restefisch

© 2006 cbj Verlag,
München, in der Verlagsgruppe Random House GmbH

Hört einmal zu!
(Vera Ferra-Mikura)

Hört einmal zu!
Ich bin eine wirklich bescheidene Kuh.
Was brauche ich schon zur Zufriedenheit?
Eine saftige Wiese zur Sommerszeit
und ein Plätzchen im Stall, wenn es stürmt und schneit.
Ich gebe euch für Wasser, für Gras und für Heu
Milch zum Trinken und Milch für den Brei
und ein Kalb mit seidigem Haar
schenk ich euch einmal im Jahr.
Was ich noch sagen wollte:
Hört einmal zu!
Ich bin zwar eine bescheidene Kuh,
doch zu Leuten,
die Dosen und Flaschen,
Fetzen und Plastiktaschen,
Müll und rostiges Eisen
einfach auf meine Wiese schmeißen,
sag ich nicht einmal „Muh!"

© 1975 by Verlag Jungbrunnen Wien

| A | Um mich herum | AB 1 |

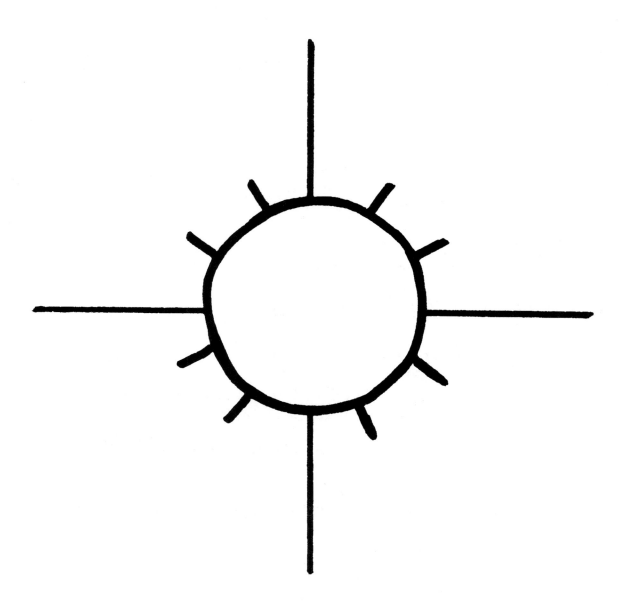

 Verlängere die Striche und male oder schreibe außen hin,
wen oder was du besonders gerne um dich hast.
Das können verschiedene Menschen, aber auch Tiere oder Dinge oder
eine Mischung aus allem sein.
Du kannst deinen Namen in den Kreis schreiben oder dich hineinzeichnen,
den Kreis wie eine Sonne ausmalen oder andere Farben verwenden.

| A | Nashornida | AB 2 |

Sehnsucht

(Joachim Ringelnatz)

Nashornida nannte ich die Kleine.
Eigentlich klingt das so mild.
Nashornida hatte Trampelbeine
Und war wild.

Nashornida hat mir einen Knochen,
Alle Gläser, Porzellan und die
Linke Wand vom Kleiderschrank zerbrochen.

Doch sie hat nach Afrika gerochen,
Und das reizte meine Fantasie.

Setze andere Tiernamen aus verschiedenen Ländern in das Gedicht ein, z. B. Elefantina, Nilpferdina, Tigerius, Löwian, Krokodilus. Male ein lustiges Bild dazu.

Schreibe selbst ein ähnliches Gedicht oder einen kurzen, lustigen Fantasietext zu einem Tier, das aus Versehen oder absichtlich etwas anstellt:

Ein Lama, das bis zum Dach hinauf spuckt und dann …
Eine Giraffe, die den Blumentopf im dritten Stock anknabbert …
Eine Blindschleiche, die sich durch ein gekipptes Fenster hindurchzwängt …

| A | Löwenzahn & Co. | AB 3 |

 Viele Pflanzen haben ungewöhnliche oder sehr interessante Namen.
Suche dir eine Pflanze aus und finde heraus: Wie sieht sie aus? Wo wächst sie?
Ist sie vom Aussterben bedroht? Woher kommt ihr Name?
Hat sie noch andere Namen? Wird sie vielleicht als Tierfutter oder sogar als
Heilpflanze verwendet?
Schreibe einen kurzen Sachtext.

 Schaue dazu im Internet, in einem Pflanzenbuch oder im Lexikon nach.

Löwenzahn   Gänseblümchen   Hahnenfuß

oder: Schachblume, Löwenmaul, Frauenschuh, Fünffingerstrauch, Trauerweide …
Du kannst auch einen Text zu Tieren mit besonderen Namen schreiben:
Feuersalamander, Siebenschläfer, Ringelnatter, Neuntöter, Schwertfisch, Lachmöwe …

 Nimm Pflanzen- oder Tiernamen, die aus zwei Namenwörtern bestehen.
Zeichne Bilder dazu und setze sie zu einem Bilderrätsel zusammen.
Die folgenden Tiere gibt es wirklich: Beutelmeise, Igelfisch, Ochsenfrosch, Glasfrosch, Bulldoggenameise, Eierschlange, Vampirfalter, Hammerhai, Katzenhai …

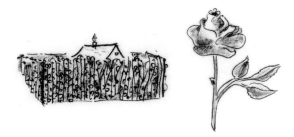  

 Profis erfinden zu besonderen Tier- und Pflanzennamen besondere Texte,
z. B. Märchen oder Fantasiegeschichten:
Streit zwischen Bulldoggenameise und Glasfrosch – Wie die Eierschlange zu ihrem
Namen kam – Kampf zwischen Schleiereule und Löffelente – Wie der Löwenzahn
das Gänseblümchen vertrieben hat …

 Heftet eure Texte, Bilderrätsel und Geschichten in einem Ordner ab.
Legt sie im Klassenzimmer aus, damit alle sie lesen oder mitraten können.

B Glück und Leid erfahren

Das Märchen vom Glück
(Erich Kästner)

**Ein Mann, ungefähr 70 Jahre alt, saß mir in einer verräucherten Kneipe gegenüber und meinte: „Oh, sind die Menschen dumm! Das Glück ist ja schließlich keine Dauerwurst, von der man täglich eine Scheibe herunterschneiden kann!"
Und er erzählte mir seine Geschichte:**

Vor vierzig Jahren war ich noch jung, aber ich litt am Leben, war unzufrieden und saß verbittert auf einer grünen Parkbank. Da hockte sich ein alter Mann neben mich und meinte beiläufig: „Also gut. Wir haben es uns überlegt. Du hast drei Wünsche frei. Wünsch dir, was du willst! Die schönste Frau, das meiste Geld oder den größten Schnurrbart – das ist deine Sache. Aber werde endlich glücklich! Deine Unzufriedenheit geht uns auf die Nerven." Er sah aus wie der Weihnachtsmann mit seinem weißen Vollbart, roten Apfelbäckchen und Augenbrauen wie aus Christbaumwatte.
Ich starrte nur in meine Zeitung. „Es wäre natürlich kein Fehler, wenn du dir das mit den drei Wünschen genau überlegen würdest, denn drei Wünsche sind nicht vier oder fünf, sondern drei. Und wenn du hinterher immer noch neidisch und unglücklich wärst, könnten wir dir und uns nicht mehr helfen." Ich hielt ihn für einen alten Quatschkopf und wurde wütend. Und als er wieder zu reden anfangen wollte, stieß ich zornzitternd hervor: „Damit Sie alter Esel mich nicht länger duzen, spreche ich meinen ersten und innigsten Wunsch aus: Scheren Sie sich zum Teufel!" Weg war er! Wie fortgeweht! Mir wurde ganz übel vor lauter Schreck. Das mit den Wünschen schien zu stimmen! Und der erste Wunsch hatte sich bereits erfüllt! Und dann war der liebe Großpapa oder wer immer er sein mochte nicht nur weg, sondern dann war er beim Teufel in der Hölle!
„Sei nicht albern!", sagte ich zu mir selber. „Die Hölle gibt es doch gar nicht, und den Teufel auch nicht." Aber die drei Wünsche, gab's denn die? Mir wurde heiß und kalt. Was sollte ich machen? Der alte Mann musste wieder her, ob's nun eine Hölle gab oder nicht. Das war ich ihm schuldig. Ich musste meinen zweiten Wunsch aussprechen. Oh ich Ochse! Mir blieb keine Wahl und ich flüsterte ängstlich: „Ich wünsche mir, dass der alte Mann wieder neben mir sitzt." Jahrelang habe ich mir danach Vorwürfe gemacht, dass ich den zweiten Wunsch so verschleudert habe, doch ich sah damals keinen Ausweg. Der alte Mann saß sofort wieder neben mir, als wäre er nie fortgewünscht gewesen. Doch die weißen Augenbrauen waren ein bisschen verbrannt, der schöne Vollbart hatte auch ein wenig gelitten und es roch wie nach versengter Gans. Er blickte mich vorwurfsvoll an und sagte gekränkt: „Hören Sie, junger Mann, fein war das nicht von Ihnen!"
Ich stotterte eine Entschuldigung. Ich hätte doch nicht an die drei Wünsche geglaubt. Und ich hätte doch immerhin versucht, den Schaden wiedergutzumachen. „Das ist richtig", meinte er und er lächelte so freundlich, dass mir fast die Tränen kamen. „Nun haben Sie noch einen Wunsch frei, den dritten. Mit ihm gehen Sie hoffentlich ein bisschen vorsichtiger um. Versprechen Sie mir das?", fragte er mich. Ich nickte und schluchzte. „Ja", antwortete ich, „aber nur, wenn Sie mich wieder duzen." Da musste er lachen und gab mir zum Abschied die Hand. „Gut! Leb wohl! Sei nicht allzu unglücklich! Und gib auf deinen letzten Wunsch acht!" „Ich verspreche es Ihnen", sagte ich feierlich. Doch er war schon weg. Wie fortgeblasen!

„Sind Sie seitdem glücklich?", fragte ich. „Glücklich?", meinte mein Nachbar, stand auf, nahm Hut und Mantel und sagte: „Den letzten Wunsch hab' ich vierzig Jahre lang nicht angerührt. Manchmal war ich nahe dran. Aber nein. Wünsche sind nur gut, so lange man sie vor sich hat. Leben Sie wohl!" Ich sah vom Fenster aus, wie er über die Straße ging. Und er hatte ganz vergessen, mir zu sagen, ob wenigstens er glücklich sei. Oder hatte er mir absichtlich nicht geantwortet? Das ist natürlich auch möglich.

© Atrium Verlag Zürich, 1948, und Thomas Kästner

B Glück und Leid erfahren

Glück
(Clemens Brentano)

1. Glück ist gar nicht mal so selten,
   Glück wird überall beschert,
   vieles kann als Glück uns gelten,
   was das Leben uns so lehrt.

2. Glück ist jeder neue Morgen,
   Glück ist bunte Blumenpracht,
   Glück sind Tage ohne Sorgen,
   Glück ist, wenn man fröhlich lacht.

3. Glück ist Regen, wenn es heiß ist,
   Glück ist Sonne nach dem Guss,
   Glück ist, wenn ein Kind ein Eis isst,
   Glück ist auch ein lieber Gruß.

4. Glück ist Wärme, wenn es kalt ist,
   Glück ist weißer Meeresstrand,
   Glück ist Ruhe, die im Wald ist,
   Glück ist eines Freundes Hand.

5. Glück ist eine stille Stunde,
   Glück ist auch ein gutes Buch,
   Glück ist Spaß in froher Runde,
   Glück ist freundlicher Besuch.

6. Glück ist niemals ortsgebunden,
   Glück kennt keine Jahreszeit,
   Glück hat immer der gefunden,
   der sich seines Lebens freut.

Was das Glück hindert
(Erzählung aus China)

Sie standen am Spielplatz, als der Schüler zum weisen Mengtse sagte: „Schau nur, wie schön die Kinder spielen! Ich glaube, sie sind glücklich. Wie kommt es nur, dass das bei den Erwachsenen anders ist?" „Das ist bei den Kindern nicht anders als bei den Erwachsenen", entgegnete Mengtse. Und während er das sagte, holte er eine Handvoll Münzen aus seiner Tasche und warf sie unter die spielenden Kinder. Sofort verstummte das fröhliche Lachen und die Kinder stürzten sich auf das Geld. Sie lagen am Boden und rauften um den Besitz. Geschrei und Gezeter hatten das frohe Lachen abgelöst. „Und nun", fragte Mengtse, „was hat ihr Glück zerstört?" „Der Streit", erwiderte sein Schüler. „Und wer erzeugte den Streit?" – „Die Gier nach Geld."

B Glück und Leid erfahren

Hund und Katze

(Wilhelm Busch)

1. Miezel, eine schlaue Katze,
   Molly, ein begabter Hund,
   wohnten an demselben Platze,
   hassten sich aus Herzensgrund.

2. Schon der Ausdruck ihrer Mienen,
   bei gesträubter Haarfrisur,
   zeigt es deutlich: Zwischen ihnen
   ist von Liebe keine Spur.

3. Auch wenn Miezel in dem Baume,
   wo sie meistens hin entwich,
   friedlich dasitzt wie im Traume,
   dann ist Molly außer sich.

4. Beide lebten in der Scheune,
   die gefüllt mit frischem Heu.
   Alle beide hatten Kleine,
   Molly zwei und Miezel drei.

5. Einst zur Jagd ging Miezel wieder
   auf das Feld. Da macht es bum!
   Irgendjemand schoss sie nieder.
   Ihre Lebenszeit war um.

6. Oh, wie jämmerlich miauen
   die drei Kinderchen daheim.
   Molly eilt, sie zu beschauen,
   und ihr Herz geht aus dem Leim.

7. Und sie trägt sie kurzentschlossen
   zu der eignen Lagerstatt,
   wo sie nunmehr fünf Genossen
   an der Brust zu Gaste hat.

8. Mensch mit traurigem Gesichte,
   sprich nicht nur von Leid und Streit,
   selbst in Brehms Naturgeschichte
   findet sich Barmherzigkeit.

B Glück und Leid erfahren

Drei Finken
(Wolf Harranth)

Es sitzen drei Finken auf einem Ast,
die haben zur Herbstzeit den Abflug verpasst.
Da hocken sie nun und träumen
von sommersonnigen Bäumen.

Doch beißt sie ein Windstoß von Zeit zu Zeit
und zaust ihnen eisig das Federkleid
und bringt ihren Ast arg ins Schwanken,
geraten die Träume ins Wanken.

Dann rucken sie hin und rucken sie her,
die frierenden Finken, und träumen nicht mehr.
Und ich höre sie, will es mir scheinen,
ganz leise auf Finkenart weinen.

© 1986 Beltz & Gelberg in der Verlagsgruppe Beltz,
Weinheim & Basel

Der Esel und das Pferd
(nach Äsop)

Ein Esel, der auch nach allergrößten Anstrengungen nicht genug Futter erhielt, um seinen Hunger zu stillen, sah ein wunderschönes, prächtig geschmücktes Pferd, das im Überfluss gefüttert wurde. „Ach, wie glücklich wird dieses Pferd sein! Ich wünschte mir, mit diesem Tier tauschen zu können!", murmelte er vor sich hin.

Nach einigen Monaten erblickte der Esel dasselbe Pferd, doch er erkannte es kaum wieder, denn es war lahm und dünn. „Ist das Zauberei?", fragte er. „Beinahe", antwortete das Pferd traurig. „Mich hat eine verirrte Kugel getroffen. Mein Herr stürzte mit mir und weil er mich nun nicht mehr brauchen kann, verkaufte er mich für ganz wenig Geld. Lahm und kraftlos bin ich jetzt und nun wirst du mich gewiss nicht mehr beneiden und mit mir tauschen wollen."

| B | Kleeblatt | AB 1 |

1. Welches Wort musst du auf dieser Seite für das Kleeblatt einsetzen?
2. Löse die Bilderrätsel. Ersetze die Bilder durch zwei Namenwörter. Verbinde sie, indem du ein **Fugen-s** einfügst.

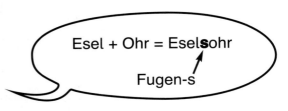

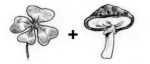   

 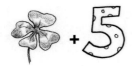  Un+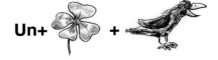

 Setze die Sätze so zusammen, dass der Sinn stimmt.
Ordne den Zahlen von 1 bis 11 den passenden Buchstaben zu.
Du erhältst so den Titel einer Geschichte.

1   Wenn jemandem das Glück lacht, …
2   Wenn das Glück einem den Rücken zukehrt, …
3   Wenn jemand das Glück mit Füßen tritt, …
4   Wenn einer vom großen Glück träumt, …
5   Wenn jemand Glück im Unglück hat, …
6   Wenn einer eine Glückssträhne hat, …
7   Wenn jemand noch nichts von seinem Glück weiß, …
8   Wenn einer dem Glück nachjagt, …
9   Wenn jemand auf gut Glück etwas tut, …
10 Wenn einer bei einem anderen kein Glück hat, …
11 Wenn jemand Glück wünscht, …

N   … weiß er sein Glück nicht zu schätzen.
K   … könnte es sein, dass er zum Geburtstag gratuliert.
S   … hofft er, in der Zukunft sehr viel Glück zu haben.
G   … wird er es bald erfahren.
A   … hat er kein Glück mehr.
I   … hätte zum Beispiel ein Unfall viel schlimmer ausgehen können.
M   … hält das Glück schon eine Zeitlang an.
H   … hat er ganz viel Glück.
L   … will er unbedingt Glück haben.
Ü   … ist er sich nicht sicher, dass es gelingt.
C   … erreicht er bei ihm nichts.

- Glück
- Glückspilz, Glückstern, Glücksschwein, Glückskäfer, Glückszahl, Glücksspiel, Unglücksrabe
- Die Geschichte ist ein Märchen und heißt Hans im Glück.

| B | Der Tempel der tausend Spiegel | AB 2 |

Der Tempel der tausend Spiegel

(Märchen aus dem Orient)

Ein Hund hatte vom Tempel der tausend Spiegel gehört und suchte wochenlang danach. Endlich fand er ihn und lief hinein. Da blickten ihn aus tausend Spiegeln tausend Hunde an. Er freute sich und wedelte mit dem Schwanz. Da freuten sich tausend Hunde in tausend Spiegeln und wedelten auch mit dem Schwanz. Der Hund verließ den Tempel und glaubte: Die Welt ist voller freundlicher Hunde. Von nun an besuchte er den Tempel jeden Tag einmal. Eines Tages kam ein anderer Hund in den Tempel der tausend Spiegel. Da blickten ihn aus tausend Spiegeln tausend Hunde an. Vor lauter Angst zeigte er die Zähne und knurrte. Da knurrten aus den tausend Spiegeln tausend Hunde zähnefletschend zurück. Der Hund zog den Schwanz ein, rannte davon und glaubte: Die Welt ist voller böser Hunde. Nie wieder wollte er diesen Tempel betreten.

 Suche dir eine Aufgabe aus:

1. *Erzähle die Geschichte weiter: Eines Tages treffen sich die beiden Hunde ganz zufällig und sehen sich an ...*
2. *Übertrage die Geschichte auf zwei Menschen, die den Tempel der tausend Spiegel betreten.*
3. *Partnerspiel Gesichterlesen: Schaue deine Partnerin oder deinen Partner fröhlich, wütend, traurig ... an. Sie oder er soll dann das richtige Gefühl herausfinden.*

| B | Glückswabe | AB 3 |

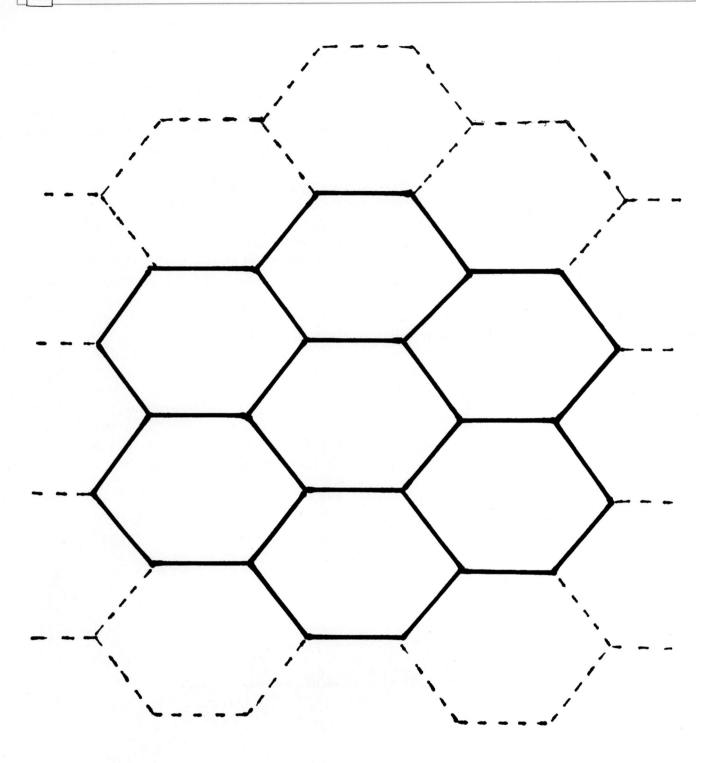

 Schreibe in Stichpunkten auf, was dir zum Glück einfällt:
Wann bist du glücklich? Warum? Worüber freust du dich?
Schreibe oder male Beispiele in die einzelnen Waben.
Du kannst selbst entscheiden, wie viele Waben du ausfüllen möchtest.
Du kannst auch Waben hinzufügen oder wegschneiden.

 Versuche, dich in die Lage eines armen Kindes aus einem anderen Land hineinzuversetzen. Was würde dieses Kind wohl in die Waben schreiben?

Angst haben – Mut schöpfen

Von dem Jungen, vor dem alle Angst hatten
(Elisabeth Stiemert)

In der Dreierleistraße wohnte ein Junge, vor dem alle Angst hatten. Der Junge wohnte hier noch nicht lange. Er war größer als die anderen Kinder, und er saß auf der Treppe vor seinem Haus einfach so da. Jeden Tag saß der Junge da auf der Treppe, und er machte meistens ein böses Gesicht. Sonst machte er nichts.
Manchmal spuckte er allerdings, aber nur auf die Straße. Manchmal pfiff er auch laut. Er steckte zwei Finger in seinen Mund und pfiff dann wirklich ganz laut. Manchmal boxte er auch in die Luft. Mit zwei Fäusten boxte er vor sich hin, als ob jemand da wäre, den er so boxte. Aber er saß dabei immer auf der Treppe. Trotzdem hatten die anderen Angst.
Wenn die Kinder aus der Dreierleistraße einkaufen mussten, gingen sie nicht an dem Jungen vorbei. Sie gingen hinüber auf die andere Seite der Straße. Und wenn der Junge zu ihnen hinsah, liefen sie schneller. Manche glaubten, der Junge hätte ein Messer. Manche glaubten auch, der Junge nähme ihnen das Geld weg, das sie zum Einkaufen brauchten, und Spielsachen machte er sicher kaputt. Und bestimmt haute er kleinere Kinder.
Einmal kam ein Kind zu Besuch in die Dreierleistraße, und nach dem Kaffeetrinken kam das Kind heraus. Es hatte seinen Ball mitgebracht und wollte sehr gerne spielen. Das Kind ging mit dem Ball zu dem Jungen. Es wusste ja nicht, dass die anderen vor ihm Angst hatten. „Wollen wir spielen?", fragte das Kind diesen Jungen. Der Junge guckte erstaunt. Dann stand er auf von der Treppe und lachte. „Los", sagte der Junge, „wir spielen Torschießen!"
Die anderen Kinder aus der Dreierleistraße sahen sich an, wie der Junge mit dem fremden Kind spielte. Sie standen weit weg. Aber sie sahen, dass der Junge auch lachte.
„Vielleicht hat der Junge kein Messer", dachten sie jetzt.
„Vielleicht nimmt er auch kein Geld weg."
„Vielleicht macht er auch gar nichts kaputt, und sicherlich haut der Junge auch keinen."
Morgen wollten sie fragen, ob er Lust hätte, mit ihnen zu spielen.

© Elisabeth Stiemert

Glühwürmchen
(unbekannter Verfasser)

Die Nacht ist ein großes schwarzes Loch.
Glühwürmchen aber wagt es doch,
zögert nicht,
zündet an sein Licht!

| C | Angst haben – Mut schöpfen

Angst
(unbekannter Verfasser)

In der Nacht von Samstag auf Sonntag wurde der neunjährige Leo ganz plötzlich wach. Das laute Bellen seines kleinen Hundes Taps und aufgeregte Stimmen waren zu hören: „Es brennt! Es brennt! Türen zu! Fenster zu! Wir müssen schnell über die Treppe hinunter!" Schon stand sein Vater im Zimmer und zerrte Leo aus dem Bett. Seine Mutter kam herein und hatte den zappelnden Taps im Arm. Gemeinsam rannten sie zum Treppenhaus. Doch dort roch es nach Rauch und verbranntem Holz, und ihnen schlugen Flammen entgegen. Leo zitterte vor Angst. Er schaute seine Eltern an und sah die Angst auch in ihren Gesichtern. Seine Eltern hatten Angst – das hatte er vorher noch nie erlebt!
Schnell liefen sie in die Wohnung zurück und öffneten ein Fenster zum Garten. Unten stand Herr Müller aus dem Erdgeschoss mit einer Leiter. Er fuchtelte mit dem Arm. Leos Vater nahm die Leiter an und zog sie ins offene Fenster hinein. Dann hielt er den jaulenden Taps fest, half zuerst seiner Frau und danach Leo auf die Leiter. Langsam und unsicher stiegen die beiden hinab. Sie rochen den Rauch, sahen das Feuer im Erdgeschoss und dann hörten sie plötzlich die Sirenen der Feuerwehr. Als die Löscharbeiten begannen, waren auch der Vater und Taps bereits im Garten in Sicherheit. „Was wohl passiert wäre, wenn der Hund nicht so laut gebellt hätte?", fragte die Mutter.
Noch lange danach hatte Leo jedes Mal Herzklopfen und einen unangenehmen Rauchgeruch in der Nase, wenn er das Tatü-Tata der Feuerwehr hörte.

Der Eindringling
(Leo Tolstoi)

Einmal stand ich auf dem Hof und betrachtete ein Nest, das ein Schwalbenpaar unterm Dach gebaut hatte. Beide Schwalben flogen vor meinen Augen fort und das Nest blieb eine Weile leer. Da flog ein Spatz vom Dachfirst herab, flog zum Schwalbennest hin, sah es von außen und innen an, schlüpfte ins Nest, streckte sein Köpfchen heraus und tschilpte.

Bald darauf kam eine Schwalbe zum Nest zurück und steckte den Kopf hinein. Doch kaum hatte sie den Eindringling bemerkt, schlug sie Lärm, stand mit aufgeregten Flügeln vor dem Nest in der Luft und flog dann weg. Der Spatz blieb sitzen und tschilpte.
Auf einmal kam ein ganzer Flug Schwalben an. Alle flogen auf das Nest zu, als wollten sie dem Eindringling sagen: Wir werden es dir schon zeigen! Der Spatz zeigte keine Spur von Angst, drehte das Köpfchen nach allen Seiten und tschilpte. Die Schwalben flogen wieder bis zum Nest hin, taten dort irgendetwas und flogen wieder fort. Was taten sie nur?
Jede brachte im Schnabel ein wenig Lehm mit und mauerte den Nesteinschlupf ein wenig zu. Unablässig flogen die Schwalben hin und her. Enger und enger wurde das Nestloch. Anfangs war noch der Spatzenhals zu sehen, dann nur noch der Kopf, dann nur noch der Schnabel. Dann nichts mehr!
Aber auf einmal kamen durch den nassen Lehm zuerst der Spatzenschnabel, dann der Spatzenkopf, dann der ganze Spatz – und weg war der freche, mutige Bursche, und die beiden Schwalben hatten wieder ein offenes, leeres Nest.

Angst haben – Mut schöpfen

Tatanka, der kleine Indianer

(Dolores Travaglini)

Eines Nachts schreckte Tatanka aus dem Schlaf und weinte. Die Eule hatte dicht über seinem Zelt geschrien und der kleine Indianer fürchtete sich.
„Sei ruhig, Tatanka", sagte seine Großmutter zu ihm, „du lockst die wilden Tiere und feindlichen Krieger mit deinem Geschrei."
Aber Tatanka weinte nur immer lauter. Und wenn die Eule mit den Flügeln das Zeltdach streifte, schrie er laut auf. Solche Furcht hatte der kleine Indianer vor dem großen Vogel. Erst gegen Morgen beruhigte er sich unter den eintönigen Schlafliedern seiner Großmutter.
„Ah seht Tatanka, den Schreihals!", riefen am anderen Morgen die Kinder. „Nie wird er ein tapferer Krieger!" Und sie lachten und ließen Tatanka stehen. Da kletterte er auf einen Baum und niemand konnte ihn mehr sehen. „Sie werden es schon noch merken", dachte er, „dass ich nicht furchtsam bin. Ich werde einmal, wenn alle hungrig sind, den fettesten Bären erjagen und mit einem einzigen Pfeil die listigsten Feinde überwinden!" Ja, so überlegte Tatanka und es wurde darüber Abend. Er rutschte vom Baum herunter und ging ins Dorf zurück.
Die Männer waren schon von der Jagd zurück und saßen zusammen um das wärmende Feuer. Die Frauen brieten und kochten das Fleisch. Die Kinder spielten. Als sie Tatanka bemerkten, lachten sie und riefen: „Seht nur, der Schreihals ist wieder da! Sicher hat er eine Eule erlegt!" Da wären dem kleinen Indianer beinahe die Tränen gekommen, hätte ihn nicht sein Vater zu sich gerufen. Tatanka gehorchte, und die anderen Kinder folgten ihm neugierig, denn sie wollten gerne hören, was der furchtlose Mann seinem ängstlichen Sohn sagen würde. „Guten Abend, Tatanka", begrüßte ihn sein Vater. „Sieh, der Eimer ist leer. Wir haben Durst, aber kein Wasser mehr. Geh zur Quelle und fülle ihn neu."
Die Kinder sahen Tatanka von der Seite an. Alle wussten, dass der Weg dorthin nicht ungefährlich war, und noch dazu jetzt, da die Sonne hinter dem großen Berg längst untergegangen war. Würde Tatanka es wagen?
Schweigend nahm er den Eimer und ging. Er tauchte in der Wildnis unter und suchte Schritt für Schritt den Pfad. Sein Herz schlug laut und er schreckte zusammen, wenn ein Ast knackte oder ein Tier raschelte. Vorsichtig wie eine Katze setzte er seine Füße und endlich hörte er das Rauschen der Quelle. Dann füllte er den Eimer. Immer wieder umkreiste ihn die Eule und klagte. Am liebsten hätte Tatanka den Eimer stehen gelassen und wäre ins Dorf gelaufen. Aber er wusste selbst, jetzt konnte er allen zeigen, dass er tapfer war. So erreichte er das Feuer und die darum lagernden Männer. „Ah", sagte sein Vater, „da bist du ja!" Dann leerte er den Eimer mit dem kostbaren Wasser aus und befahl Tatanka, noch einmal zu gehen. Der kleine Indianer spürte, wie ihm die Tränen in die Augen stiegen. Noch einmal den schauerlichen Weg gehen! Noch einmal in dieser Finsternis an huschendem und raschelndem Getier vorbei zur Quelle! Tatanka sah seinen Vater fragend an, aber dieser hatte sich längst wieder den anderen Männern zugewandt und keiner achtete mehr auf Tatanka. Da bückte er sich nach dem Eimer und mühte sich zum zweiten Mal, den Weg im Dunkeln zu finden.
Als er zurückkam, stand sein Vater schon vor dem Zelt und wartete auf ihn. „Du wirst einmal ein tapferer Mann", sagte er.
Da rief ganz nahe eine Eule und strich vorbei. Aber der kleine Tatanka sah seinen Vater stolz an. Er hatte eben ganz andere Gefahren erlebt. Wie konnte ihn der Schrei einer Eule noch ängstigen!

Angst haben – Mut schöpfen

Blacky und Bianca

(unbekannter Verfasser)

Kennst du einen Bauernhof, auf dem es nicht nur ein paar Schweine oder Kühe, sondern ganz viele verschiedene Tiere gibt? Das ist leider nur noch selten der Fall.
Ein solcher Bauernhof steht in einem kleinen Tal am Rande eines Waldes. Dort gibt es einen Hahn und Hühner, Enten, Katzen, Hunde, Schafe, Schweine, Kühe und sogar Pferde.
Im letzten Jahr wurden dort zwei kleine Katzen geboren, eine schwarze und eine weiße, die von Anfang an fröhlich miteinander spielten und von den Kindern wegen ihrer Farbe die Namen Blacky und Bianca bekamen. Blacky, die schwarze, war besonders mutig, die weiße Bianca ein wenig ängstlich.
Eines Tages beschloss Blacky, den Bauernhof zu verlassen, um die Welt kennenzulernen. „Komm mit", sagte sie zu Bianca, „gemeinsam macht alles immer viel mehr Spaß." Aber Bianca traute sich nicht. Sie wollte lieber bei all den anderen Tieren auf dem Hof bleiben. „Was bist du nur für ein Angsthase", maunzte Blacky und schlich auf leisen Pfoten davon – geradewegs auf den großen Wald zu.
Sie war lange im Wald unterwegs, hörte zum ersten Mal den Schrei einer Eule, sah Rehkitze, die auf einer Lichtung umhertollten, und einen Fuchs, der hinter einem Hasen herjagte. Plötzlich hörte Blacky Schüsse, und ihr Schrecken wurde noch größer, als sie die Hunde des Jägers auf sich zustürmen sah. Schnell sprang sie davon und flitzte durch das Gebüsch.
Am Ende des Waldes kam Blacky an eine breite Straße. Als sie auf die andere Seite rannte, spürte sie plötzlich einen Schlag. Sie flog in hohem Bogen durch die Luft und blieb im Straßengraben liegen.
Bianca vermisste Blacky sehr. Sie schlich durch die duftenden Blumenbeete, spazierte durch den Kräutergarten, spielte ab und zu mit den anderen Katzen, jagte hinter den Mäusen her, ließ sich von den Kindern streicheln, suchte sich einen Platz in der Sonne und schaute von da aus immer wieder zum Wald, weil sie hoffte, dass Blacky dort auftauchen würde.
Und tatsächlich! Die schwarze Katze kam zurück – humpelnd und mit einer blutenden Schnauze, aber glücklich und zufrieden. Blacky und Bianca freuten sich sehr über das Wiedersehen und sie erzählten sich, wie es ihnen ergangen war, und sie merkten, wie sehr sie einander vermisst hatten.

Ob Blacky von nun an immer auf dem Hof geblieben ist?
Nein! Von Zeit zu Zeit musste die kleine schwarze Katze einfach wieder loslaufen, um neue Abenteuer zu erleben, auch wenn sie Bianca, die anderen Tiere und die Kinder sehr vermisste. Und Bianca? Sie blieb auf dem Hof, sehnte sich nach Blacky und hielt so lange von ihrem Platz aus Ausschau, bis die schwarze Katze wieder zurückkam.

C | Der alte Fischer — AB 1

 So stimmt die Geschichte unten nicht!
Schreibe die Ziffern von 1 bis 8 in der richtigen Reihenfolge vor die Sätze.

Der alte Fischer
(Leo Tolstoi)

____ Da kam ganz plötzlich ein starker Sturm auf.

____ Doch ihre Boote wurden immer weiter weggetrieben.

____ „Nur beten und mit aller Kraft zum Ufer rudern – nur dies beides zusammen kann helfen."

____ Eines Tages waren Fischer mit ihren Booten weit draußen auf dem Wasser.

____ Die anderen aber flehten zum Himmel und ruderten und ruderten und ruderten.

____ Und so war es auch!

____ „Hoffen und beten allein hilft nicht", sagte ein alter Fischer.

____ Die einen fürchteten sich so sehr, dass sie vor lauter Schreck die Ruder wegwarfen und den Himmel anflehten, sie zu retten.

 Welche Wörter passen zum Thema Angst?
Vor Angst zittern, schwitzen, frösteln, schlottern, erstarren …, sich fürchten, sich ängstigen, jemandem Angst machen …
Schreibe einzelne Wörter in ganz zittriger Schrift auf, damit die Angst zu sehen ist.

(Lösung, kopfstehend:)
1) Eines Tages waren Fischer mit ihren Booten weit draußen auf dem Wasser.
2) Da kam ganz plötzlich ein starker Sturm auf.
3) Die einen fürchteten sich so sehr, dass sie vor lauter Schreck die Ruder wegwarfen und den Himmel anflehten, sie zu retten.
4) Doch ihre Boote wurden immer weiter weggetrieben.
5) Die anderen aber flehten zum Himmel und ruderten und ruderten.
6) „Hoffen und beten allein hilft nicht", sagte ein alter Fischer.
7) „Nur beten und mit aller Kraft zum Ufer rudern – nur dies beides zusammen kann helfen."
8) Und so war es auch!

| C | Der Fuchs und die Gänse | AB 2 |

Der Fuchs und die Gänse
(Brüder Grimm)

Einmal kam ein Fuchs zu einer Wiese, auf der viele schöne fette Gänse saßen. Er lachte und sagte: „Ich komme ja wie gerufen. Ihr sitzt so hübsch beisammen. So kann ich eine nach der anderen auffressen." Die Gänse gackerten vor Schreck, sprangen auf, fingen an zu jammern und kläglich um ihr Leben zu bitten. Der Fuchs aber wollte davon nichts hören und sprach: „Es gibt keine Gnade. Ihr müsst sterben."
Endlich fasste eine Gans ihren ganzen Mut zusammen und sagte: „Wenn wir armen Gänse so jung unser Leben lassen müssen, so erlaube uns noch ein Gebet, damit wir nicht mit unseren Sünden sterben. Danach wollen wir uns in eine Reihe stellen, damit du dir immer die fetteste aussuchen kannst." „Ja", sprach der Fuchs, „das ist eine fromme Bitte. Betet, ich will so lange warten." Also fing die erste Gans ein ganz langes Gebet an und gackerte immer: „Ga! Ga!", und weil sie gar nicht aufhören wollte, wartete die zweite nicht, bis sie an der Reihe war, sondern fing auch an: „Ga! Ga!"
Die dritte und vierte folgten und bald gackerten alle zusammen. Wenn sie ausgebetet haben, soll das Märchen weitererzählt werden, aber sie beten immer noch.

 Sprecht oder singt das „Ga! Ga!" und das Gegackere der Gänse wie einen Rap. Die Gruppen beginnen nacheinander.

 Profis schaffen das rhythmische Sprechen sogar miteinander.

Taktschlag	1	2	3	4	1	2	3	4
Gruppe 1	ga ga		ga ga		ga ga		ga ga	
Gruppe 2	ga _	ga _	gaaaa		ga _	ga _	gaaaa	
Gruppe 3		gacker		gacker		gacker		gacker
Gruppe 4	_ ga	_ ga	_ ga	_ ga	_ ga	_ ga	_ ga	_ ga

 Setze andere Tiere in das Märchen ein. Erzähle oder schreibe eine eigene Geschichte.

 Erfinde zu den Tierstimmen aus deinem eigenen Text auch einen Rap.

| C | Die Vogelscheuche | AB 3 |

Die Vogelscheuche
(Christian Morgenstern)

Die Raben rufen: „Krah, krah, krah!
Wer steht denn da, wer steht denn da?
Wir fürchten uns nicht, wir fürchten uns nicht
vor dir mit deinem Brillengesicht.

Wir wissen ja ganz genau,
du bist nicht Mann, du bist nicht Frau.
Du kannst ja nicht zwei Schritte gehn
und bleibst bei Wind und Wetter stehn.

Du bist ja nur ein bloßer Stock,
mit Stiefeln, Hosen, Hut und Rock.
Krah, krah, krah!"

 *Vervollständige das folgende Gedicht.
Suche eine passende Überschrift und male dazu.*

_____

Die Kinder rufen: „Hu hu hu!
Wer steht denn da und winkt uns zu?
Wir fürchten uns nicht, wir fürchten uns nicht
vor dir mit deinem Betttuchgesicht.

_____

_____

_____

_____

_____

 *Denke dir selbstständig einen Text mit oder ohne Reim aus, zum Beispiel zu einer
Fantasiegestalt im Fernsehen oder zu einer Figur in einem Spiel.*

D Armut und Reichtum kennenlernen

Kindergedicht
(Jürgen Spohn)

Honig, Milch und Knäckebrot –
manche Kinder sind in Not.

Zucker, Ei und Früchtequark –
macht nur manche Kinder stark.

Götterspeise, Leibgericht –
kennen manche Kinder nicht.

Wurst und Käse, Vollkornbrot –
manche Kinder sind schon tot.

© Barbara Spohn 1992

Über die Berge
(Bertolt Brecht)

Über die Berge
fliegt der Mensch wie nichts.
Groß sind seine Werke.
Doch am Brot für alle, da gebricht's.
Menschenskind!
Dass nicht alle satt sind!

Über Kontinente
spricht der Mensch von Haus zu Haus.
Hunderttausend Hände
strecken sich zueinander aus.
Menschenskind!
Wenn sie erst beisammen sind!

© Suhrkamp Verlag, Frankfurt am Main 1993

D Armut und Reichtum kennenlernen

Der Prinz sucht einen Freund
(Volksmärchen aus Arabien)

Es war einmal ein kleiner Prinz, der viel zu viel allein war. Alle, die er bisher getroffen hatte, waren immer nur neugierig darauf gewesen, den Sohn eines reichen Königs kennenzulernen, nichts weiter. Da sagte seine Mutter eines Tages: „Wenn wieder einer kommt, den du magst und der bei uns übernachtet, bringe ich euch zum Frühstück drei Eier. Dann werden wir sehen, wer wirklich dein Freund ist."

Das war sehr seltsam, denn noch nie hatte der Prinz gehört, dass sich Freunde mit Eiern finden lassen.

Bald darauf blieb der Sohn des Richters über Nacht. Als sich die beiden morgens an den Tisch setzten, kam die Königin und brachte ein Körbchen mit drei Eiern. Der Sohn des Richters plauderte freundlich mit dem Prinzen und aß dabei eines nach dem anderen auf. „Den nimm dir nicht zum Freund", sagte die Mutter später, „er denkt nur an sich."

Einige Zeit danach saß der Sohn eines wohlhabenden Kaufmanns bei Tisch. Er tippte nur jedes Ei an, aß keines und meinte: „Bei uns zu Hause gibt es größere Eier." „Den nimmst du auch nicht zum Freund", sagte die Mutter später, „denn er ist verwöhnt."

Dann lernte der kleine Prinz den Sohn eines armen Holzfällers kennen. Jeden Tag spielte er mit ihm im Wald. Der Königin war das nicht so recht, denn einmal kam der Prinz mit zerrissenen Hosen ins Schloss zurück, ein andermal mit einem Dorn im Zeh und immer äußerst schmutzig. Aber weil der Prinz ihn gern hatte, durfte schließlich auch der Holzfällersohn über Nacht im Schloss bleiben. Am Morgen brachte die Mutter wieder drei Eier zum Frühstück und ohne lange zu fragen oder sich zu zieren, griff er eins, tat ein anderes in den Eierbecher des Prinzen und das dritte schnitt er mittendurch: „Du ein halbes, ich ein halbes!" Das gab vielleicht ein Geschmiere!

„Nimm ihn dir zum Freund", sagte die Königin und seufzte ein wenig. „Sauber und manierlich zu essen lernt man bestimmt leichter, als gerecht zu teilen."

Es freute den kleinen Prinzen, dass seine Mutter so sprach. Jetzt wusste er, wie man mit drei Eiern Freunde finden kann.

Wer aber ein richtiger Freund ist, das merkt man meist auch so.

D | Armut und Reichtum kennenlernen 3

Der Glanz des Goldes
(Märchen aus Indien)

In alter Zeit lebte in Indien ein König mit Namen Mohindra. Obwohl er Macht und Reichtum besaß und eine Tochter hatte, die er sehr liebte, war er nicht zufrieden, denn mehr als alles auf der Welt liebte er den Glanz des Goldes. Tag und Nacht dachte er nur daran, wie er seine Schätze vermehren könnte, und bat Gott schließlich um die Gabe, dass sich alles, was er berührte, in Gold verwandeln möge.
Jeden Tag verbrachte der König viele Stunden in seiner Schatzkammer. Wenn ein Sonnenstrahl durch einen schmalen Spalt in der Wand fiel und den Goldstaub, der in der Luft schwebte, wie tausend winzige Sterne blitzen und blinken ließ, lachte der König vor Vergnügen. Mit beiden Händen griff er in die Goldmünzen, die dort aufgehäuft lagen, warf sie wieder und wieder in die Höhe, und der Klang des herabfallenden Goldes war für ihn die schönste Musik.
Eines Nachts kam ein Engel in sein Schlafgemach und sprach: „Morgen früh ist es so weit, Mohindra. Wenn die freundliche Sonne ihre ersten Strahlen zur Erde schickt, wirst du die Gabe erhalten, dass alles zu Gold wird, was du berührst."
Wie lang wurde dem König diese Nacht! Endlich ging die Sonne auf und er lief sofort in seinen Garten. Da wurden die Büsche und Bäume, die er auf seinem Weg streifte, und alle Blumen und Früchte, die er berührte, in glänzendes Gold verwandelt. Der König jauchzte und hielt sich für den glücklichsten Menschen auf Erden.
Als seine kleine Tochter in den Garten gesprungen kam und die goldenen Blumen sah, die all ihre herrlichen Farben und ihren betörenden Duft verloren hatten, begann sie, bitterlich zu weinen. Der König versuchte, sie zu trösten. Er wollte sie in den Arm nehmen, doch kaum hatte er sie berührt, wurde auch sie zu Gold. Und als er sich zu Tisch setzte und essen und trinken wollte, verwandelte sich alles, was er anfasste, ebenfalls in reines, glänzendes Gold und er blieb hungrig und durstig.
Da erkannte der König, wie töricht sein Wunsch gewesen war, und betete zu Gott, ihn von seinem Zauber zu befreien und alles rückgängig zu machen. Gott erhörte sein Gebet und alles wurde wieder so wie früher.

Von der Gans, die goldene Eier legte
(nach Äsop)

Es lebte einmal ein Mann, der ein richtiger Glückspilz war, denn er besaß eine Gans, die jeden Tag ein goldenes Ei legte.
Das gefiel dem Mann natürlich sehr, aber nach einiger Zeit begann er, darüber nachzudenken, woher das Gold der Eier wohl käme. „Es kann nur so sein", dachte er, „dass in ihrem Bauch ein ganz großer Goldklumpen steckt!" Und weil er von allem nie genug bekam, packte ihn die Gier. Er beschloss, die Wundergans zu schlachten, um nicht Tag für Tag auf ein Ei warten zu müssen, sondern das ganze Gold auf einmal zu bekommen.
Gesagt, getan! Doch als der Mann die Gans aufschnitt, sah er nur das, was alle Gänse in ihrem Bauch haben. So brachte ihn seine Goldgier um den vermeintlichen Riesenreichtum, aber auch um das tägliche goldene Ei, das ihm seine Gans weiter treu gelegt hätte, bis sie eines Tages von selber gestorben wäre.

| D | Der arme Schneider/Von der Stadtmaus und der Feldmaus | AB 1 |

Der arme Schneider/Von der Stadtmaus und der Feldmaus

(unbekannter Verfasser / nach Martin Luther)

 *Bringe zuerst die Geschichte vom armen Schneider und dann die Fabel von den Mäusen in die richtige Reihenfolge.
Nimm den Buchstaben vor dem ersten Textabschnitt und schreibe ihn bei der Zahl 1 auf, dann den zweiten … und schon erhältst du ein Lösungswort.*

1	2	3	4	5	6	7	8

R Ein Schneider war lange Zeit sehr krank gewesen, hatte kein Geld mehr und konnte sich und seine Familie nicht mehr ernähren. Deshalb machte er sich auf den Weg zu einem entfernt wohnenden Verwandten, um ihn um Hilfe zu bitten.

U Da kam ein Kellner und öffnete die Tür. Die Mäuse erschraken und liefen davon. Die Stadtmaus fand bald ihr Loch, aber die Feldmaus wusste nicht wohin. Sie lief die Wand auf und ab und gab ihr Leben schon verloren. Als der Kellner gegangen war, meinte die Stadtmaus: „Nun lass uns wieder guter Dinge sein."

I Da brachte er das Paket in seine Wohnung. Jetzt hatte er einen großen Schatz in seinem Haus und niemand wusste davon. Er überlegte und überlegte und obwohl er nichts zu essen hatte, ging er ins Rathaus und gab das Geld ab. Dort sollte es so lange aufgehoben werden, bis sich der Verlierer gemeldet hatte.

M Die Feldmaus aber antwortete: „Du hast gut reden. Du warst schnell in deinem Loch, während ich vor Angst fast gestorben bin. Ich sage dir meine Meinung: Bleib du eine Stadtmaus und friss Würste und Speck. Ich will ein armes Feldmäuslein bleiben und meine Eicheln essen. Du bist keinen Augenblick sicher vor den Menschen, vor den Katzen und vor den vielen Mausefallen. Ich aber bin daheim frei und sicher in meinem kleinen Feldloch."

C Nach einigen Tagen stand in der Zeitung eine Anzeige: Ein Kaufmann habe auf der Durchreise ein Paket mit 1500 Talern verloren und wolle dem ehrlichen Finder einen hohen Finderlohn zahlen. Sofort bekam der Kaufmann sein Geld zurück und der arme Schneider die Belohnung. Endlich konnte er genug zu essen kaufen. Er fing wieder an zu arbeiten und weil er jetzt überall bekannt war, kamen viele Kunden. Von nun an ging es ihm und seiner Familie wirklich gut.

T Die Feldmaus ging mit in das schöne Haus, in dem die Stadtmaus wohnte. Tatsächlich: Die Kammern waren voller Fleisch, Würste, Brot und Käse. Die Stadtmaus sagte: „Nun lass es dir schmecken. Solche Speisen habe ich täglich im Überfluss."

E Unterwegs fuhr eine Postkutsche sehr schnell an ihm vorbei. Als sie schon ein Stück entfernt war, sah der Schneider, dass etwas aus der Kutsche fiel. Er lief eilig hinzu, hob es auf und bemerkte, dass es ein Paket mit sehr viel Geld war. Die Postkutsche war aber schon so weit weg, dass er nicht mehr hinterherlaufen konnte.

H Eine Stadtmaus ging spazieren und kam zu einer Feldmaus, die gerade Eicheln, Gerste und Nüsse fraß. Da sprach die Stadtmaus: „Was willst du hier in Armut leben? Geh mit mir und du bekommst allerlei köstliche Speisen."

Lösungswort: REICHTUM

Vom Schlaraffenland

(August Heinrich Hoffmann von Fallersleben)

1. Kommt, wir wollen uns begeben
jetzo ins Schlaraffenland.
Seht, da ist ein lustig Leben
und das Trauern unbekannt!
Seht, da lässt sich billig leben
und umsonst recht lustig sein,
Milch und Honig fließt in Bächen,
aus den Felsen quillt der Wein.

2. Und von Kuchen, Butterwecken
sind die Zweige voll und schwer.
Feigen wachsen aus den Hecken,
Ananas im Busch umher.
Keiner muss sich müh'n und bücken,
alles stellt von selbst sich ein.
Oh, wie ist es zum Entzücken!
Ei, wer möchte dort nicht sein.

3. Und die Straßen allerorten,
jeder Steg und jede Bahn
sind gebaut aus Zuckertorten
und Bonbons und Marzipan.
Und von Brezeln sind die Brücken,
ausgeführt gar hübsch und fein.
Oh, wie ist es zum Entzücken!
Ei, wer möchte dort nicht sein.

4. Ja, das mag ein schönes Leben
und ein herrlich Ländchen sein.
Mancher hat sich hinbegeben,
aber keiner kam hinein.
Ja, und habt ihr keine Flügel,
nie gelangt ihr bis ans Tor.
Denn es liegt ein breiter Hügel
ganz von Pflaumenmus davor.

 *Denkt euch eine eigene Schlaraffenlandgeschichte aus.
Wie wäre es mit Blättern aus Wurst oder Käse, Hecken aus Schokolade,
Mauern aus Eis …?
Gestaltet Bilder zum Text oben oder zu euren eigenen Geschichten.*

 *Schreibt Schlaraffenlandgeschichten zum Thema Auto, Computer, Schule, Natur
oder Spielzeug … allein, zu zweit oder in der Gruppe.*

| D | Der Dieb | AB 3 |

Der Dieb

(nach Leo Tolstoi)

Eines Tages wurde dem reichsten Bauern eines Ortes viel Geld gestohlen, doch der Dieb konnte nicht gefunden werden. Da kamen alle Dorfbewohner zusammen und überlegten: „Der Dieb muss aus dem Dorf sein. Es kann kein Fremder sein, weil dieser nicht gewusst hätte, wer der Reichste im Ort ist. Ob ein besonders Armer das Geld gestohlen hat? Aber wie bekommen wir nur heraus, wer es war?"
Plötzlich sagte ein Mann: „Nur gut, dass ich ein ganz besonderes Wort weiß! Wenn ich das denke, fängt die Mütze auf dem Kopf des Diebes zu brennen an. Passt gut auf, denn jetzt denke ich das Wort!"
Und siehe da – schon griff ein Bursche erschrocken nach seiner Mütze. Er riss sie vom Kopf, als hätte sie Feuer gefangen.
Nun wussten alle, wer der Dieb war.

 Suche dir eine Aufgabe aus:

1. *Schreibe oder erzähle weiter:*
   Der Dieb erklärt, warum er gestohlen hat – Was der reiche Bauer und die anderen dazu sagen – Was der Dieb verspricht …
2. *Denke dir eine ähnliche Geschichte aus.*
   Dabei können dir folgende Stichpunkte helfen:
   - Wem wurde etwas gestohlen: Schülerin, Lehrer, Politiker, Fußballer …?
   - Was könnte gestohlen worden sein: Handy, Ausweis, Buch, Brief, Laptop, Digitalkamera, Eintrittskarte …?
   - Andere Ideen: Jemand denkt sich ein Wort, und der Dieb oder die Diebin muss husten, bekommt Schüttelfrost, einen juckenden Rücken, eine Glatze …
   - An welchen (lustigen) Orten hat der Dieb die Beute versteckt: unter der Matratze, im Kühlschrank, in seinen Schuhen, in der Hundehütte …?
3. *Gestalte mögliche Verstecke mit der Hand oder am PC:*
   IIIIIHIIIIAIIIIIUIIIISIIII – iiiiiHiiaiiuiisii – GGGaGGrGGagGGeGGG – tttttBttettttttttt …

E Sich streiten – sich versöhnen

Bissige Wörter
(Ernst A. Ekker)

Ich habe dir wehgetan
– mit einem bissigen Wort.
Nun nagt es an dir.
Es nagt auch an mir ...

Du hast dich gleich gewehrt
– mit einem bissigen Wort.
Nun nagt es an mir.
Es nagt auch an dir ...

    Du bist bös auf mich.
    Ich bin bös auf dich.

Dabei fällt mir das eigentlich
furchtbar schwer.
Denn:
Ich mag dich so sehr.

Friede
(Josef Reding)

„Bloß keinen Zank
und keinen Streit!"
Das heißt auf Englisch
ganz einfach
PEACE
und auf Französisch
PAIX
und auf Russisch
MIR
und auf Hebräisch
SCHALOM
und auf Deutsch
FRIEDE
oder:
„Du, komm,
lass uns
zusammen spielen,
zusammen sprechen,
zusammen singen,
zusammen essen,
zusammen trinken,
und zusammen
leben,
damit wir
leben."

© Josef Reding, Dortmund

Warum sich Raben streiten
(Frantz Wittkamp)

Weißt du, warum sich Raben streiten?
Um Würmer und Körner und Kleinigkeiten,
um Schneckenhäuser und Blätter und Blumen
und Kuchenkrümel und Käsekrumen
und darum, wer Recht hat und Unrecht, und dann
auch darum, wer schöner singen kann.
Mitunter streiten sich Raben wie toll
darum, wer was tun und lassen soll,
und darum, wer Erster ist, Letzter und Zweiter
und Dritter und Vierter und so weiter.
Raben streiten um jeden Mist.
Und wenn der Streit mal zu Ende ist,
weißt du, was Raben dann sagen?
Komm, wir wollen uns wieder vertragen!

© 1986 Beltz & Gelberg in der Verlagsgruppe Beltz, Weinheim & Basel

E Sich streiten – sich versöhnen

Herr Böse und Herr Streit
(unbekannter Verfasser)

Es war einmal ein großer Apfelbaum. Der stand genau auf der Grenze zwischen zwei Gärten. Und der eine Garten gehörte Herrn Böse, der andere gehörte Herrn Streit. Als im Oktober die Äpfel reif wurden, holte Herr Böse mitten in der Nacht seine Leiter aus dem Keller und stieg heimlich und leise, leise auf den Baum und pflückte alle Äpfel. Als Herr Streit am nächsten Tag ernten wollte, war kein einziger Apfel mehr auf dem Baum. „Warte!", sagte Herr Streit. „Dir werd' ich's heimzahlen."

Und im nächsten Jahr pflückte Herr Streit die Äpfel schon im September ab, obwohl sie noch gar nicht reif waren. „Warte!", sagte Herr Böse. „Dir werd' ich's heimzahlen." Und im nächsten Jahr pflückte Herr Böse die Äpfel schon im August, obwohl sie noch ganz grün und hart waren. „Warte!", sagte Herr Streit. „Dir werd' ich's heimzahlen." Und im nächsten Jahr schlug Herr Streit alle Blüten ab, sodass der Baum überhaupt keine Früchte mehr trug. „Warte!", sagte Herr Böse. „Dir werd' ich's heimzahlen." Und im nächsten Jahr im April schlug Herr Böse den Baum mit einer Axt um. „So", sagte Herr Böse, „jetzt hat Herr Streit seine Strafe!" Von da an trafen sie sich häufiger im Laden beim Äpfelkaufen.

Das Echo
(Volksgut)

Ein Mann und seine Frau wurden zu einer Hochzeit eingeladen. Aber sie hatten Tiere, die versorgt werden mussten, und weil der Weg weit und ein ganzer Tag für die Hochzeit nötig war, konnte nur einer von beiden gehen.
„Du kannst daheim bleiben", sagte die Frau, „du kommst sehr oft in die Stadt, während ich jahraus, jahrein zu Hause hocke." „Das geht nicht", meinte der Mann, „denn erstens kann ich die Kühe nicht richtig melken und zweitens muss ich mit meinen Verwandten allerlei besprechen." So stritten sie eine Weile hin und her und keiner von beiden wollte nachgeben. Da fiel der Frau plötzlich ein, dass sie über dem Tal eine sprechende Bergwand hatten. Wenn man dieser etwas laut zurief, gab sie immer eine Antwort. „Wie wär's, wenn wir den Berg fragen?", fragte die Frau. „Das ist kein übler Gedanke", sprach der Mann. Er sollte zuerst anfangen und so rief er: „Soll ich auf die Hochzeit gehen oder daheim bleiben?" „Daheim bleiben", antwortete der Berg. Nun war die Frau an der Reihe. „Soll ich daheim bleiben oder zur Hochzeit gehen?" „Hochzeit gehen", rief der Berg. „Da siehst du's", sagte die Frau, „der Berg ist ganz meiner Meinung."
Damit war der Streit für die Frau entschieden und mit gutem Gewissen machte sie sich einen schönen Tag.

Der kranke Spatz

(Märchen aus Russland)

Der Spatz hatte sich mit seiner Frau, der Spätzin, heftig gestritten, lag wütend im Nest, lehnte Essen und Trinken ab und sprach mit niemandem auch nur ein einziges Wort. Und das hieß viel, denn Spatzen schwätzen von Herzen gern.

Die Nachbarn vermissten ihn, denn es war langweilig ohne den Spatz. Da kam der Hahn: „Kikeriki, kikeriki, liebe Spätzin, ist der Spatz zu Hause?" „Zu Hause ist er schon", war die Antwort, „aber er liegt krank im Bett und kann nicht reden." „Ach so, es fehlt in der Kehle. Holt euch ein Haferkorn, mahlt es zu Mehl und macht daraus einen Brei. Nicht zum Essen, nein, du musst ihn ihm auf die Kehle legen." Die Spätzin schüttelte den kleinen Kopf: „Das habe ich schon versucht. Die Wärme hilft ihm nicht." Da zuckte der Hahn mit den Flügeln und flog davon.

Gleich danach kam die Krähe. „Krah, krah, krah", krächzte sie, „was macht der Spatz? Ich habe ihn schon lange nicht mehr gesehen. Ist er daheim?" „Daheim ist er schon", sagte die Spätzin, „aber er ist krank." „Was fehlt ihm denn?" Diesmal sagte die Spätzin: „Ja, was fehlt ihm? Er klagt über Schmerzen im Rücken." „Da weiß ich einen guten Rat", krächzte die Krähe. „Ihr müsst im Garten Wermutblätter pflücken und sie ihm auf den Rücken legen." Wieder schüttelte die Spätzin ihren kleinen Kopf und sagte: „Das hat nicht geholfen. Er hat nachher noch Seitenstechen bekommen." „Dann kann ich auch nicht helfen", maulte die Krähe und flog davon.

Da kam auch schon ein neuer Besuch, das Rebhuhn. „Ist der Spatz zu Hause?" „Ja, aber er liegt krank im Bett und kann nicht reden." „Das tut mir aber leid", sagte das Rebhuhn, „was fehlt denn dem lieben Spatz?" Die Spätzin zählte alles auf, worüber der Spatz geklagt hatte, und das Rebhuhn empfahl einen starken Pfefferminztee. „Ich habe schon alles versucht", meinte die Spätzin, „aber nichts hilft."

Da lächelte das Rebhuhn spitzbübisch und sagte laut: „Wenn der Spatz so krank ist, wird er wohl nicht mehr lange zu leben haben. Soll ich mich für dich nach einem anderen Mann umsehen?"

Noch ehe die Spätzin darauf antworten konnte, kam der Spatz aus dem Nest spaziert. Er war es leid, wegen des Streits auf seine Frau böse zu sein, und schrie: „Wer sagt, dass ich krank bin? Ich bin gesund und munter. Tschiep, tschiep! Meine Frau braucht auch keinen neuen Mann, denn ich hab sie lieb, tschiep, tschiep!"

Da flog das Rebhuhn lachend davon und auch die Spätzin lächelte, aber sie ließ es sich nicht anmerken. Und das war gut so.

E | Sich streiten – sich versöhnen | 4

Streit der Wölfe
(Indianermärchen)

Einmal begegneten sich ein Waldwolf und ein Steppenwolf. Sie beschlossen, miteinander durch das Land zu streifen und wurden Freunde. Aber gerade in jener Zeit gab es wenig Wild und beide blieben tagelang hungrig. Als sie schon ganz schwach waren, kamen sie am Wigwam einer Indianerfamilie vorbei. Drinnen wurde am Feuer eine Hirschkeule gebraten. „Wir wollen hingehen und die Menschen um Nahrung bitten", sagten die Wölfe zueinander. „Vielleicht wollen uns die Menschen töten, aber wenn wir noch länger keine Nahrung bekommen, werden wir verhungern."
Sie schlichen zur Hütte und baten um ein paar Bissen Hirschfleisch. Die Indianer riefen sie hinein, waren freundlich zu ihnen und sie durften fressen, so viel sie wollten. Am Morgen sagte der Steppenwolf: „Wir haben hier eine Heimat gefunden. Lass uns bei unseren Freunden bleiben, sie sind so gut zu uns."
Als die Indianer das hörten, freuten sie sich und fingen an, eine geräumige Hütte für ihre Gäste zu bauen. Als nun alle damit beschäftigt waren, lief der Waldwolf heimlich in jede Hütte und stahl alles Fleisch, das er finden konnte. Er verbarg es in einer Felsspalte und sagte zu seinem Gefährten: „Wir wollen warten, bis die Nacht kommt. Dann nehmen wir all dieses Fleisch und laufen damit in die Wälder."

Als er seinen Freund so reden hörte, wurde der Steppenwolf traurig. „Waren die Indianer denn nicht gut zu uns?", fragte er ihn. „Trage das Fleisch wieder zurück, denn wir dürfen die Freundlichkeit nicht mit Undank vergelten!" Da wurde der Waldwolf zornig und verspottete den Steppenwolf. Die beiden Freunde fingen an zu streiten. Da sie sich nicht einig werden konnten, lief der Steppenwolf betrübt zu den Indianern zurück und erzählte ihnen alles. Die Indianer nahmen ihre Waffen, umringten den Waldwolf und sagten: „Willst du uns so unsere Gastfreundschaft und Hilfe vergelten? Um deines Freundes willen lassen wir dich am Leben. Aber wage dich nie mehr in unser Lager!"
Der Waldwolf floh ohne ein Stück Fleisch in die Wälder, der Steppenwolf aber blieb bei den Indianern. Sie fütterten ihn, ließen ihn an ihrem Feuer schlafen und er bewachte dafür ihren Wigwam. Und ganz allmählich wurde aus dem Steppenwolf der Hund. Zwischen dem Waldwolf und den Indianern aber besteht seit jener Zeit Feindschaft.

| E | Friedensblume | AB 1 |

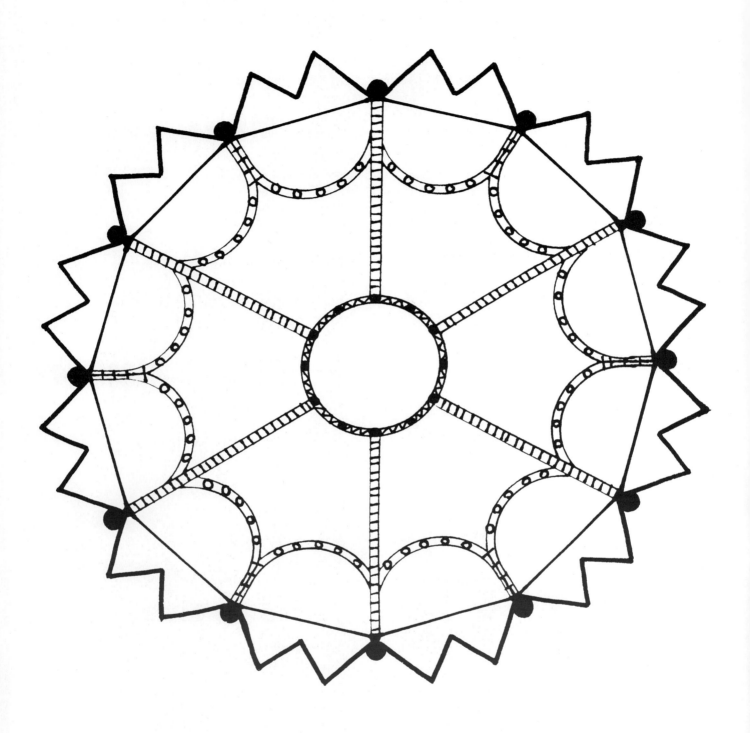

 Suche dir eine Aufgabe aus:
1. Schreibe das Wort „Frieden" in die Mitte und male die Blume wie ein Mandala aus.
2. Schreibe vor dem Ausmalen das Wort Frieden in anderen Sprachen (peace, paix, pace, paz, Schalom) in einzelne Blütenblätter.
3. Male eine eigene große Friedensblume.

| E | Streit – aber nicht nur zwischen Menschen | AB 2 |

 Kinder streiten immer wieder einmal miteinander, Erwachsene auch. Doch wie ist das mit Tieren, Pflanzen und Dingen? Streiten sie auch darum, wer wichtiger, schöner, schneller, besser ... ist? Denke dir Streitgespräche aus.

 Folgende Anfangssätze helfen dir:
Ich bin am wichtigsten, weil ... – Mich mögen die Menschen viel lieber, denn ... – Ohne mich ... – Dich braucht keiner ... – Wenn es mich nicht gäbe, dann ... – Du bist doch nur ... – Da kenne ich mich besser aus ... – Wenn du mich nicht hättest ... – Ich bin wertvoller, weil ...

Du kannst auswählen, wer, was und wie viele von ihnen sich streiten.

Schulsachen: Heft – Federmäppchen – Füller – Buch – Stift – Radiergummi ...

Lebensmittel: Kartoffeln – Reis – Nudeln – Milch – Saft – Tee – Käse – Wurst ...

Autoteile: Lenkrad – Bremsen – Blinker – Scheibenwischer – Räder ...

Blumen: Nelke – Rose – Gänseblümchen – Löwenzahn – Tulpe – Aster ...

Tiere: Katze – Hund – Affe – Schwein – Pinguin – Löwe – Biene ...

Obst: Apfel – Birne – Pampelmuse – Pflaume – Banane – Kirsche ...

 Natürlich kannst du dir auch selbst Wörter ausdenken, zum Beispiel zu Speisen, Gemüsesorten, Bäumen, Fahrzeugen oder Spielzeugen.

E Streitereien mit Humor   AB 3

 Kannst du die Texte auf dieser Seite vorlesen?

Ein Witz

DieNachbarinfragtMaxi__ __Werstreitetdennbeieuchdrübensofürchterlich____
__Ach,dassindnurPapaundOpa____ antwortetderJunge__
__Aberwarumstreitendiebeidendennso_____ willFrauMüllerwissen__
__SieschreibengeradegemeinsameinenAufsatzzumThemaFriedenfürmich____

 Setze die fehlenden Satzzeichen ein.

Die beiden Fuhrleute
(Volksgut)

ZweiFuhrleutebegegnetensichmitihremWagenineinemHohlwegundkonnteneinander nichtausweichen.„AusdemWeg!",riefdereineFuhrmann.„FahredumirdochausdemWeg!", schriederandere.„Ichwillnicht",sagtedereine.„Ichauchnicht",meintedereandere.Jetztkames zueinemheftigenStreit.„Hedu",sagteendlichdererstesehrlaut.„Ichfragedichzumletzten Mal, obdumirausdemWegfahrenwillstodernicht.Wennnicht,somacheichesmitdir,wieichesheute schonmiteinemanderengemachthabe."DasschiendocheinebedenklicheDrohungzusein. Derzweitegabnachundsagte:„Hilfmirwenigstens,deinenWagenetwasbeiseitezuschieben. SonsthabeichkeinenPlatzzumAusweichen."DererstehalfmitundnachkurzerZeitwardie UrsachedesStreitesbehoben.Bevorsieaneinandervorbeifuhren,wolltederzweiteFuhrmann nochwissen:„Duhastdochgedroht,duwolltestesmitmirmachenwieheuteschoneinmal.Was hastdueigentlichgetan?"„Ganzeinfach",lautetedieAntwort,„derGrobianwolltemirnicht ausweichen.Dabinichihmausgewichen."

 Kennzeichne die fehlenden Leerzeichen durch einen Strich.

Streit
(Ludwig Aurbacher)

XXn MXnn hXttX sXch mXt sXXnXr FrXX gXstrXttXn. Xr wXr sX wXtXnd XXf sXX, dXss Xr sXchs TXgX lXng Xm HXXs XmhXrgXng, XhnX XXn WXrt mXt Xhr zX sprXchXn. DX hXttX dXX FrXX, dXX sXch gXrnX wXXdXr mXt XhrXm MXnn XntXrhXltXn wXlltX, XXnX XdXX. SXX nXhm XXnX TXschXnlXmpX Xnd lXXchtXtX dXmXt XntXr jXdXn StXhl, XntXr jXdXn SXssXl Xnd hXntXr jXdXn SchrXnk. SXX stXXg XXf XXnX LXXtXr Xnd gXcktX XbXn XXf dXX RXgXlX. SXX XffnXtX XllX SchXblXdXn Xnd schXXtX hXnXXn. SchlXXßlXch wXrdX dXr MXnn sX nXXgXXrXg, dXss Xr sXX frXgtX: „WXs sXchst dX dXnn XXgXntlXch?" LXchXnd XntwXrtXtX sXX: „DXXnXn MXnd! Xch dXchtX, dX hXttXst Xhn vXrlXrXn, wXXl Xch nXchts mXhr vXn dXr gXhXrt hXbX. XbXr jXtzt bXn Xch frXh, dXss Xch Xhn wXXdXrgXfXndXn hXbX." DX mXsstX dXr MXnn XXch lXchXn Xnd dXX bXXdXn vXrtrXgXn sXch wXXdXr.

 Hier wurden die Selbstlaute und Umlaute durch X und die Doppellaute durch XX ersetzt. Findest du heraus, wie die Wörter heißen?

86

| E | Streitereien mit Humor (Lösungen) | AB 3 |

Ein Witz

Die Nachbarin fragt Maxi: „Wer streitet denn bei euch drüben so fürchterlich?"
„Ach, das sind nur Papa und Opa", antwortet der Junge.
„Aber warum streiten die beiden denn so?", will Frau Müller wissen?
„Sie schreiben gerade gemeinsam einen Aufsatz zum Thema Frieden für mich."

Die beiden Fuhrleute
(Volksgut)

Zwei Fuhrleute begegneten sich mit ihrem Wagen in einem Hohlweg und konnten einander nicht ausweichen. „Aus dem Weg!", rief der eine Fuhrmann. „Fahre du mir doch aus dem Weg!", schrie der andere. „Ich will nicht", sagte der eine. „Ich auch nicht", meinte der andere. Jetzt kam es zu einem heftigen Streit. „He du", sagte endlich der erste sehr laut. „Ich frage dich zum letzten Mal, ob du mir aus dem Weg fahren willst oder nicht. Wenn nicht, so mache ich es mit dir, wie ich es heute schon mit einem anderen gemacht habe." Das schien doch eine bedenkliche Drohung zu sein. Der zweite gab nach und sagte: „Hilf mir wenigstens, deinen Wagen etwas beiseite zu schieben. Sonst habe ich keinen Platz zum Ausweichen." Der erste half mit und nach kurzer Zeit war die Ursache des Streites behoben. Bevor sie aneinander vorbeifuhren, wollte der zweite Fuhrmann noch wissen: „Du hast doch gedroht, du wolltest es mit mir machen wie heute schon einmal. Was hast du eigentlich getan?" „Ganz einfach", lautete die Antwort, „der Grobian wollte mir nicht ausweichen. Da bin ich ihm ausgewichen."

Streit
(Ludwig Aurbacher)

Ein Mann hatte sich mit seiner Frau gestritten. Er war so wütend auf sie, dass er sechs Tage lang im Haus umherging, ohne ein Wort mit ihr zu sprechen. Da hatte die Frau, die sich gerne wieder mit ihrem Mann unterhalten wollte, eine Idee. Sie nahm eine Taschenlampe und leuchtete damit unter jeden Stuhl, unter jeden Sessel und hinter jeden Schrank. Sie stieg auf eine Leiter und guckte oben auf die Regale. Sie öffnete alle Schubladen und schaute hinein. Schließlich wurde der Mann so neugierig, dass er sie fragte: „Was suchst du denn eigentlich?" Lachend antwortete sie: „Deinen Mund! Ich dachte, du hättest ihn verloren, weil ich nichts mehr von dir gehört habe. Aber jetzt bin ich froh, dass ich ihn wiedergefunden habe." Da musste der Mann auch lachen und die beiden vertrugen sich wieder.

| F | Anders sein – sich (ver)ändern

Der eine groß, der andere klein

(Maria Enrica Agostinelli, übersetzt von Elisabeth Borchers)

Der eine groß, der andere klein,
sie sind reihum gekommen.
Und jeder sah ganz anders aus.
Und viele wollten anders sein.
Versteht ihr das?

Ein Vogel ist kein Elefant,
ein Nilpferd keine Fliege:
Der eine wie ein Berg so schwer,
der andere wie ein Hauch so leicht.
So darf ein jeder anders sein.
Und niemand sollte traurig sein.
Und keiner kann der Beste sein.
Versteht ihr das?

Ohne Titel

(Max Kruse)

Einem Schaf
macht es kein Vergnügen,
zu sehen, dass
die Vögel fliegen.
Manche Schafe
grübeln drum:
Warum
fliegen die Vögel
herum?
Während ein Schaf
nur geht
oder liegt –
aber nie fliegt!

Offenbar gibt es
auf diesem Gebiet
einen betrüblichen
Unterschied.
Und natürlich
denkt es dann:
Meine Eltern
sind schuld daran!

© Arena Verlag

Grau und rot

(Zbigniew Lengren, übersetzt von James Krüss)

1. Ein verirrter Esel lachte
   sich im Walde beinah tot,
   denn vor ihm auf einem Baume
   saß ein Eichhorn, feuerrot.

2. Brüllend, pustend, quiekend, kichernd
   rief er: „So was sah ich nie!
   Ha! I–a! Wie ist das komisch!
   Rote Haare hat das Vieh!"

3. Lassen wir den Esel kichern!
   Das gescheite Eichhorn spricht:
   „Über rote Haare lachen
   nur die Esel! – Oder nicht?"

F Anders sein – sich (ver)ändern 2

Die blaue Amsel
(Franz Hohler)

Amseln sind schwarz. Normalerweise. Eines Tages aber saß auf einer Fernsehantenne eine blaue Amsel. Sie kam von weit her, aus einer Gegend, in der die Amseln blau waren. Ein schwarzer Amselmann verliebte sich in sie und bat sie, seine Frau zu werden. Zusammen bauten sie ein Nest und die blaue Amsel begann, ihre Eier auszubrüten, während ihr der Amselmann abwechselnd zu fressen brachte oder für sie die schönsten Lieder sang. Einmal, als der Mann auf Würmersuche war, kamen ein paar andere Amseln, vertrieben die blaue Amsel aus dem Nest und warfen ihre Eier auf den Boden, dass sie zerplatzten.
„Wieso habt ihr das getan?", fragte der Amselmann verzweifelt, als er zurückkam. „Weil wir Amseln schwarz sind", sagten die anderen nur, blickten zur blauen Amsel und wetzten ihre gelben Schnäbel.

© Franz Hohler

Elvira ist prima
(Lisa-Marie Blum)

Meine Freundin Elvira
ist rund wie eine Pflaume.
Meine Freunde lachen:
Mensch, Klaus, die Dicke!
Aber Elvira ist prima.
Beim Schwimmen,
wenn ich trainiere,
hockt sie am Beckenrand
und schreit:
Schneller! Schneller!
Und stoppt die Zeit
mit ihrer Stoppuhr
sekundengenau.

Pflaumenkuchen
backt sie besser
als meine Mutter.
Und Eis isst sie
genauso gern wie ich.
Meine Freunde lachen:
Mensch, die Dicke!
Aber das stört uns nicht.
Elvira ist prima.

© 1986 Beltz & Gelberg in der
Verlagsgruppe Beltz,
Weinheim & Basel

| F | Anders sein – sich (ver)ändern | 3.1

Im Viertelland

(Gina Ruck-Pauquet)

Das Land ist rund wie ein Pfannkuchen. Und weil es aus vier verschiedenen Vierteln besteht, heißt es das Viertelland.
In einem Viertel ist alles grün: die Häuser, die Straßen, die Autos, die Telefone, die Erwachsenen und auch die Kinder. Im zweiten Viertel ist alles rot: die Bäume, die Badewannen, die Eisenbahnen, die Zigaretten, die Erwachsenen und auch die Kinder. Im dritten Viertel ist alles gelb: die Besen, die Krankenhäuser, die Blumen, die Baugerüste, die Erwachsenen und die Kinder. Im vierten Viertel ist alles blau: die Verkehrsampeln, die Möbel, die Brücken, die Zahnbürsten, die Fahrräder, die Erwachsenen und die Kinder.
Wenn die Kinder geboren werden, sind sie bunt. Im ganzen Land ist das so. Aber die Erwachsenen schauen sie aus ihren grünen, roten, gelben oder blauen Augen an und streicheln sie mit ihren grünen, roten, gelben oder blauen Händen, bis sie endlich auch nur noch eine Farbe haben. Die richtige Farbe. Und das geht meistens sehr schnell.

Einmal kam in Grün ein kleiner Junge zur Welt, den sie Erbs nannten. Erbs war mit einem Jahr immer noch ein bisschen bunt. Das war beunruhigend. Aber schließlich wurde er doch richtig grün.
Im Viertelland brauchen die Kinder nicht zur Schule zu gehen. Sie lernen nur das Wesentliche: In Grün lernen sie, dass grün richtig ist, in Rot, dass rot richtig ist, in Gelb, dass gelb, und in Blau, dass blau richtig ist.

In Rot laufen Tag und Nacht Spruchbänder. „Grün, gelb und blau ist gelogen!", kann man da lesen. „Nur rot ist wahr." Und dann erklingt das Erdbeermarmeladenlied. Das ist die Nationalhymne. In Gelb schreit der Lautsprecher: „Rot, blau und grün ist doof. Und gelb bleibt gelb!" Dann ziehen die Kinder die gelben Mützen vom Kopf und singen den Zitronenblues. In Blau hängen überall Plakate. „Blau", steht darauf, „blau, blau, blau!" Und immer, wenn die Kinder mit ihren blauen Augen die Plakate ansehen, zuckt es ihnen in den blauen Füßen, und sie müssen den Pflaumentango tanzen. In Grün steht ein Roboterredner im Park. „Seid grün!", ruft er. „Und wenn ihr rot, gelb oder blau hört, so glaubt es nicht!" Einmal hat Erbs ihm ein Stückchen grünen Käse in den Mund gestopft. Da konnte der Roboter drei Tage nur noch „piperlapop" sagen. Das fanden alle Kinder prima.

„Gelben Tag", begrüßen die Kinder einander in Gelb. Denn gelb heißt ja gut. Dann spielen sie Melonenrollen und lassen Kanarienvögel fliegen. Manchmal sitzen sie auch und träumen. Natürlich träumen sie gelb, denn etwas anderes wissen sie ja nicht. Löwenzahn träumen sie, Strohhut, Aprikosengelee, Postauto und Glühwürmchen. Und wenn sie ihre gelben Augen wieder öffnen, sind sie immer ein bisschen unzufrieden. Aber sie können nicht herausfinden, warum.
In Rot spielen die Kinder das große Rot-Spiel: Sie werfen Tomaten in den Sonnenuntergang. Und der Sonnenuntergang schluckt sie alle. Wenn es dunkel wird und die roten Lampen in den Häusern brennen, sitzen die Kinder, schauen in sich hinein und alles, was sie fühlen, ist rot. Manchmal ist ihnen, als fehle ihnen etwas. Aber sie sprechen nicht darüber.
In Blau machen sie es so: „Himmel", sagt ein Kind, und die anderen rufen dann: „Blau!" „Rauch!" „Blau!" „Tinte!" „Blau!" „Wellensittich!" „Blau!" „Vergissmeinnicht!" „Blau!" Und immer so weiter, bis sie müde werden. Dann halten sie sich an den Händen und denken sich was. Blaue Apfelsinen denken sie sich, blauen Schnee, blaue Musik und blaue Pferde. Manchmal hat eines von den Kindern Zahnschmerzen. Die sind dann auch blau, das ist klar.

| F | Anders sein – sich (ver)ändern | 3.2 |

In Grün freuen sich die Kinder am meisten über das Kaktusspringen. Denn wenn eines nicht hoch genug springen kann, hat es Stacheln im Po. Froschhüpfen ist auch ganz nett. Aber Graszählen ist langweilig. Da gähnen sie dann bald. Sie setzen sich auf die grünen Gartenzäune und wünschen grüne Wünsche. Pfefferminzlikör beispielsweise, Salat aus Schnittlauch, fünf Meter Gartenschlauch oder so.
Nur Erbs bringt es fertig, sich eines Tages einen roten Punkt zu wünschen. Es ist ein winzig kleiner roter Punkt. Aber trotzdem ist es ein Glück, dass die Polizei es nicht weiß. Die Polizisten haben die Aufgabe, jeden Morgen um sechs die Kreidestrichgrenzen neu nachzuziehen. (...)

Eines Tages geschieht etwas Überraschendes: Mitten in Grün wächst eine gelbe Rose. Es ist eine schöne Rose, aber die Leute verziehen angeekelt das Gesicht. Und es dauert nicht lange, da haben fünfunddreißig Polizisten die Rose mit fünfunddreißig Spaten niedergeschlagen.
Das ist der Tag, an dem Erbs seinen Löffel in den Spinat fallen lässt. Der Spinat spritzt meterweit in der Gegend herum. Aber das macht nichts, denn das Zimmer ist ja sowieso grün. Und die Eltern auch. Nur der Teller zerspringt.
Dann geschieht weiter gar nichts mehr. Jedenfalls sieht und hört man nichts Besonderes. Aber in den Kindern von Viertelland ist eine Unruhe. In allen Kindern – seit der Teller zersprungen ist. Da laufen die Kinder aus Rot zum Mittelpunkt des Landes, wo sich die Grenzen treffen, die Kinder aus Blau gehen dahin, die aus Gelb und die aus Grün. Sie blicken einander an und sind stumm.

Bis Erbs etwas tut. Einfach so. Er spuckt nämlich auf die Kreidestrichgrenze. Dann scharrt er ein bisschen mit dem Fuß herum und die Kreide ist weg. Sofort machen alle anderen Kinder mit. Sie spucken und scharren, bis es keine Grenzen mehr gibt. Und dann lachen sie und fassen einander vorsichtig an. Die grünen die gelben, die gelben die blauen, die blauen die roten, die grünen die blauen, ja und immer so weiter, bis jedes jedes angefasst hat.

Zuerst merken sie weiter nichts. Sie fangen an, miteinander zu spielen, und sie vergessen, was der Lautsprecher, die Plakate, der Roboter und die Schriftbänder sagen. Ganz langsam aber geschieht es, dass sie aufhören, nur eine Farbe zu haben. Die Kinder werden bunt. Und nachdem nun jedes Kind jede Farbe hat, kann es auch in jeder Farbe denken, fühlen, träumen und wünschen. Jedes versteht das andere und allen gehört das ganze Land. Nie zuvor waren sie so fröhlich. Sie singen gemeinsam den Zitronenblues, spielen Kaktusspringen, denken sich blauen Schnee und werfen Tomaten in den Sonnenuntergang.

Die Erwachsenen machen große Augen. Aber weil bunte Kinder richtiger sind als einfarbige, können sie nichts dagegen tun. Ja, manche Eltern wünschen plötzlich selbst, bunt zu werden. Einige bemühen sich so sehr, dass sie tatsächlich ein paar kleine, andersfarbige Tupfen kriegen. Zum Beispiel die Eltern von Erbs. Aber wirklich bunt sind nur die Kinder.

© Gina Ruck-Pauquet

| F | Wie uns die Zeit Veränderungen zeigt | AB 1 |

 Kannst du die Zeit sichtbar werden lassen?
Suche dir einen der folgenden Texte aus und male auf einem zweiten Blatt Papier Bilder oder eine Bilderfolge dazu, damit zu sehen ist, wie sich etwas verändert hat.

1. Die Schnecke

Im tiefsten Winter kriecht eine Schnecke auf einen Kirschbaum. „Was willst du jetzt im Winter auf dem Kirschbaum?", fragt ein Vogel. „Kirschen essen!", sagt die Schnecke. „Aber jetzt gibt es doch gar keine Kirschen!", sagt der Vogel. „Jetzt nicht", sagt die Schnecke, „aber bis ich oben bin schon!"

2. Der Tausendfüßler

Ein Tausendfüßler beklagt sich bei einem anderen: „Ich würde auch so gerne einmal zum Eislaufen gehen." „Und warum tust du es nicht?" „Bis ich die Schlittschuhe anhabe, ist es wieder Sommer."

3. Der Alte

(Leo Tolstoi)

Ein alter Mann pflanzte kleine Apfelbäume. Da lachten die Leute und fragten ihn: „Warum pflanzt du diese Bäume? Viele Jahre werden vergehen, bis sie Früchte tragen, und du selbst wirst von diesen Bäumen keine Äpfel mehr essen können."
Der Alte antwortete: „Ich selber werde keine ernten. Aber wenn nach vielen Jahren andere die Äpfel von diesen Bäumen essen, werden sie mir dankbar sein."

4. Das Samenkorn

(Joachim Ringelnatz)

Ein Samenkorn lag auf dem Rücken,
die Amsel wollte es zerpicken.

Aus Mitleid hat sie es verschont
und wurde dafür reich belohnt.

Das Korn, das auf der Erde lag,
das wuchs und wuchs von Tag zu Tag.

Jetzt ist es schon ein hoher Baum
und trägt ein Nest aus weichem Flaum.

Die Amsel hat das Nest erbaut;
dort sitzt sie nun und zwitschert laut.

 Gestalte eine eigene Bilderfolge und schreibe danach kurze Sätze dazu, zum Beispiel Überschriften wie: „Von der Zwiebel zur Tulpe" oder „Vom Baby zum ..."

Die Scholle

(nach einem Märchen der Brüder Grimm)

Die Fische waren schon lange unzufrieden, weil es keine Ordnung und keine Gerechtigkeit in ihrem Reich gab. Keiner kümmerte sich um den anderen. Jeder schwamm rechts und links, wie es ihm einfiel, oder mitten zwischen denen durch, die zusammenbleiben wollten, oder sperrte ihnen ganz den Weg. Die Stärkeren schlugen die Schwächeren mit dem Schwanz oder verschlangen sie ohne Weiteres. „So kann es nicht bleiben. Wie schön wäre es, wenn wir einen König hätten, der vieles ändern und für Recht und Gerechtigkeit bei uns sorgen würde!", sagten die Fische und sie einigten sich, den zu ihrem Herrn zu wählen, der am schnellsten die Fluten durchstreichen und den Schwachen Hilfe bringen könnte.
Also stellten sie sich in Reih und Glied am Ufer auf und der Hecht gab mit dem Schwanz ein Startzeichen, worauf alle zusammen losschwammen. Wie ein Pfeil schoss der Hecht dahin und mit ihm der Hering, der Gründling, der Barsch, der Karpfen und wie sie alle heißen. Auch die Scholle schwamm mit und hoffte, das Ziel zu erreichen.
Auf einmal ertönte der Ruf: „Der Hering ist vorne! Der Hering ist vorne!" „Wer ist vorne?", schrie verdrießlich die platte, missgünstige Scholle, die weit zurückgeblieben war. „Wer ist vorne?" „Der Hering, der Hering", war die Antwort. „Der nackte Hering?", rief die Neidische, „der nackte Hering?" Seit dieser Zeit steht der Scholle zur Strafe das Maul schief.

 Denke dir allein oder mit einer Partnerin oder einem Partner eine Fortsetzung zu diesem Märchen aus:
Der Hering wurde zum König gekrönt. Von nun an wurde vieles anders …

 Suche dir Fragen aus, die dir weiterhelfen:
Wie lief die große Krönungsfeier ab? Wie sah der Hering aus? Was hat er alles verändert? Gab es Fische, die ihm dienen mussten? Was wurde aus der neidischen Scholle? Welche Gefahren kamen auf das Reich zu? Drang ein Hai ein? Angelten die Menschen? Welche Fische fingen sie? Was würde geschehen, wenn der König der Fische den Menschen ins Netz ginge?

G Sich einfühlen – einander helfen

Das bin doch ich
(unbekannter Verfasser)

Hast du auch schon einmal gelacht, weil jemand zu dick oder zu klein war, eine komische Hose trug oder eine Glatze hatte? Manchmal sogar, obwohl du es eigentlich gar nicht wolltest?
Mir und meiner Freundin Ulla ist es neulich so ergangen. Ein sehr, sehr dicker Mann watschelte uns entgegen. Ulla fing an zu kichern und ich musste dann auch lachen. Mein Vater war dabei. Er schaute uns beide an und sagte nur: „Das bin doch ich!" Wir verstanden überhaupt nicht, was er damit sagen wollte, und er erklärte: „Immer, wenn du jemanden siehst, der zu dick oder zu dünn ist, hässlich, eigenartig oder ungewöhnlich ausschaut, im Rollstuhl sitzt, humpelt oder einfach anders ist, so stelle dir in Gedanken ganz, ganz rasch vor, dass du an seiner Stelle wärst und in seiner Haut stecktest, und denke: Das bin doch ich! Dieses kleine Spiel hilft nicht immer, aber sehr oft, glaubt es mir." Und das stimmt wirklich!

Leute
(Günter Kunert)

Kleine Leute, große Leute
gab es gestern, gibt es heute,
wird es sicher immer geben,
über, unter, hinter, neben

dir und mir und ihm und ihr:
Kleine, Große sind wie wir.
Größer als ein Großer kann
aber sein ein kleiner Mann.

Klein und groß sagt gar nichts aus,
sondern nur, was einer draus
für sich selbst und alle macht.
Darum habe darauf acht:

Wer den andern hilft und stützt
und sich nicht nur selber nützt,
hat das richtige Format –
ob ein Zwerg er oder grad

lang wie eine Latte ist
oder einen Meter misst.
Kleine Leute, große Leute
gab es gestern, gibt es heute.

Sich einfühlen – einander helfen

Briefwechsel zwischen Erna ...

(Josef Guggenmos)

Sehr geehrtes Nagetier!
An meinem neuen Briefpapier
fehlt seit heute früh, o Schreck,
oben rechts ein großes Eck.
Ach, es war so schön und teuer,
und jetzt ist es reif fürs Feuer.
Ich habe zwar, muss ich gestehen,
den Übeltäter nicht gesehen
(nachts sind meine Augen zu),
doch ich vermute, das warst – du.
Mein Briefpapier brauch ich zum Schreiben,
drum lass solche Scherze bleiben!!!

*Wofür sehr verbunden ist
Deine Erna Apfelkist*

... und der Maus

Geschätztes Fräulein Schülerin!
Du meinst, dass ich's gewesen bin?
Da muss ich rufen, voll Respekt:
Sag, wie hast du's nur entdeckt?
Denn du hast, das sag ich offen,
den Nagel auf den Kopf getroffen.
Ja, ich war so frech und frei,
von mir stammt die Nagerei.
Ich nagte am Papier voll Kummer,
denn ich hatte schrecklich Hunger.
Hätt' ich was Besseres besessen,
hätt' ich lieber dies gefressen.
Drum leg in Zukunft Speck daneben,
dann lass ich alles andre leben.
Zehn Gramm Speck für jede Nacht.
Einverstanden? Abgemacht.

*Und im Voraus besten Dank!
Pipsi Maus,
wohnhaft unterm Schrank*

© 1998 Beltz & Gelberg in der Verlagsgruppe
Beltz, Weinheim & Basel

G Sich einfühlen – einander helfen   3

Der alte Großvater und der Enkel
(Brüder Grimm)

Es war einmal ein steinalter Mann, dem waren die Augen trüb geworden, die Ohren taub und seine Knie zitterten. Wenn er nun bei Tisch saß und den Löffel kaum halten konnte, schüttete er Suppe auf das Tischtuch und es floss ihm auch wieder etwas aus dem Mund. Sein Sohn und dessen Frau ekelten sich davor und deswegen musste sich der alte Großvater hinter den Ofen in die Ecke setzen. Sie gaben ihm sein Essen in ein irdenes Schüsselchen und noch dazu nicht einmal genug. Da sah er betrübt zum Tisch und seine Augen wurden nass. Einmal konnten seine zitternden Hände das Schüsselchen nicht festhalten. Es fiel zur Erde und zerbrach. Die junge Frau schimpfte, er aber sagte nichts und seufzte nur. Da kaufte sie ihm ein hölzernes Schüsselchen, daraus musste er nun essen.
Als sie so dasaßen, trug der kleine vierjährige Enkel auf der Erde kleine Brettchen zusammen. „Was machst du da?", fragte der Vater. „Ich mache ein Tröglein", antwortete das Kind, „daraus sollen Vater und Mutter essen, wenn ich groß bin." Da sahen sich der Mann und die Frau eine Weile an, fingen endlich an zu weinen und holten den alten Großvater zurück an den Tisch. Von nun an ließen sie ihn immer mitessen und sagten auch nichts, wenn er ein wenig verschüttete.

Die drei Söhne
(nach Leo Tolstoi)

Drei Frauen gingen zum Brunnen, um Wasser zu holen. Nicht weit davon entfernt saß ein Greis auf einer Bank und hörte zu, wie die Frauen ihre Söhne lobten. „Mein Sohn", sagte die erste, „ist so geschickt wie kein anderer." „Mein Sohn", sagte die zweite Frau, „singt wie eine Nachtigall! Es gibt keinen, der eine so schöne Stimme hat wie er." „Und warum lobst du deinen Sohn nicht?", fragten sie die dritte, als sie schwieg. „Ich habe nichts, womit ich ihn besonders loben könnte", entgegnete sie. „Er ist ein ganz normaler Junge."
Die Frauen füllten ihre Eimer und machten sich auf den Heimweg. Der Greis ging langsam hinter ihnen her. Die Eimer waren schwer, die abgearbeiteten Hände schwach. Deshalb machten die Frauen eine Ruhepause, denn der Rücken tat ihnen weh.
Da kamen ihnen drei Jungen entgegen. Der erste stellte sich auf die Hände und schlug Rad um Rad. Der zweite sang so herrlich wie die Nachtigall. Der dritte lief zu seiner Mutter, hob die Eimer auf und trug sie heim.
Da fragten die Frauen den Greis: „Was sagst du zu unseren Söhnen?" „Wo sind eure Söhne?", fragte der Greis verwundert. „Ich sehe nur einen einzigen Sohn."

| G | Der alte Sultan (Lückentext)   AB 1

Der alte Sultan

(Brüder Grimm)

 Denke dir Sätze aus, die in die Lücken passen könnten.

Ein Bauer hatte einen treuen Hund mit Namen Sultan. Der war alt geworden und hatte alle Zähne verloren, sodass er nichts mehr fest packen konnte. Eines Tages stand der Bauer mit seiner Frau vor der Haustür und sprach:

Die Frau, die Mitleid mit dem treuen Tier hatte, antwortete:

Aber der Mann meinte:

Der arme Hund, der nicht weit davon in der Sonne ausgestreckt lag, hatte alles mit angehört und war traurig, dass morgen sein letzter Tag sein sollte. Abends schlich er zu seinem guten Freund, dem Wolf, in den Wald hinaus und klagte:

Da tröstete ihn der Wolf und sagte:

Der Hund unterbrach ihn:

Der Wolf fuhr fort:

Der Plan gefiel dem Hund und so wie er ausgedacht war, wurde er am nächsten Tag auch ausgeführt. Der Vater schrie, als er den Wolf mit seinem Kind durchs Feld laufen sah. Als der alte Sultan es aber zurückbrachte, war er sehr froh, streichelte ihn und sagte:

Zu seiner Frau aber sprach er:

Von nun an hatte es der alte Sultan sehr, sehr gut.

 Kannst du beim Lesen sofort die Sprechblasen vom zweiten Arbeitsblatt einbauen? Mit einem Partner oder einer Partnerin geht es leichter!

G Der alte Sultan (Sprechblasen) AB 2

Der alte Sultan
(Brüder Grimm)

Wenn du die Sprechblasen an den richtigen Stellen im Lückentext einsetzt, ergeben die Buchstaben ein Lösungswort.

R „Morgen will mich der Bauer erschießen, weil ich zu nichts mehr zu gebrauchen bin."

F „Höre dir meinen Plan doch erst einmal zu Ende an! Ich werde dann aus dem Wald herauskommen und das Kind rauben. Spring mir eifrig nach, als wolltest du es mir wieder abjagen. Ich lasse es fallen und du bringst es den Eltern wieder zurück. Sie glauben dann, du hättest es gerettet, und sind dir viel zu dankbar, als dass sie dir dann noch ein Leid antun könnten. Im Gegenteil – sie werden es dir an nichts fehlen lassen."

A „Den alten Sultan schieße ich morgen tot. Der ist zu nichts mehr nütze."

E „Dir soll kein Härchen gekrümmt werden. Du sollst dein Gnadenbrot essen, solange du lebst."

E „Sei guten Mutes, ich will dir helfen! Morgen in aller Früh geht dein Herr mit seiner Frau ins Heu und bestimmt nehmen sie ihr kleines Kind mit, weil niemand im Haus zurückbleibt. Sie legen es während der Arbeit immer hinter der Hecke in den Schatten. Lege dich daneben und tue so, als wolltest du es bewachen!"

N „Da er uns so lange Jahre treu gedient hat, könnten wir ihm wohl das Gnadenbrot geben."

I „Aber ich kann das Kind nicht bewachen, weil ich ohne meine Zähne keinen einzigen Angreifer abwehren kann."

R „Geh heim und koche dem alten Sultan einen Brei, den braucht er nicht zu beißen. Und bring ihm aus meinem Bett das Kopfkissen, damit er weich liegt! Ich schenke es ihm für sein Lager."

G „Ach was, du bist nicht gescheit. Er hat keinen Zahn mehr im Maul und kein Dieb fürchtet sich vor ihm. Er hat uns zwar treu gedient, doch dafür hat er sein Fressen gekriegt."

Lösungswort: Angreifer

| G | Der Hund und der Hahn | AB 3 |

 Lies die Fabel. Suche dir dann einen Schluss aus und begründe deine Entscheidung.

Der Hund und der Hahn

(nach Äsop)

Ein Hund und ein Hahn waren Freunde geworden und machten zusammen eine Reise. Eines Abends flog der Hahn zum Schlafen auf einen Baum und der Hund legte sich unten in den Stamm des ausgehöhlten Baumes. Wie es seine Gewohnheit war, krähte der Hahn während der Nacht.
Das hörte ein Fuchs. Hungrig lief er herbei, stellte sich unten hin und bat ihn herabzukommen: „Ich möchte ein Geschöpf, das so eine schöne Stimme hat, umarmen." Da meinte der Hahn: „Wecke zuerst den Türhüter, der unten am Stamm schläft. Ich kann erst herabkommen, wenn die Tür geöffnet ist."
Vorsichtig weckte der Fuchs den Hund und sagte: „Ich muss sterben, weil ich schon lange Zeit nichts gefressen habe. Wenn du mir hilfst, den Hahn als Mahlzeit zu bekommen, werde ich dir ein schönes Haus zeigen, in dem Kinder wohnen, die sich schon lange einen Hund wünschen. Dann hast du für immer ausgesorgt."
Der Hund antwortete:

A „Das werde ich nicht tun. Wer sagt mir denn, dass die Kinder einen Hund wie mich überhaupt haben wollen?"

B „Bei Kindern zu wohnen habe ich mir schon immer gewünscht. Versteck dich im Wald! Ich locke den Hahn vom Baum herunter, packe ihn, damit er nicht wegfliegen kann und bringe ihn dir."

C „Das hast du dir toll ausgedacht, du alter Schlaumeier. Mach, dass du wegkommst!" Er bellte laut und jagte den Fuchs davon.

D „Du Hahn da oben, hast du gehört, dass der Fuchs dich verspeisen will und mir ein neues Zuhause versprochen hat?" Kaum hatte der Hund zu Ende gesprochen, flog der Hahn aufgeregt davon.

Ute Hoffmann: Die kreative Text-Werkstatt
© Persen Verlag – AAP Lehrerfachverlage GmbH, Buxtehude

H Staunen, fragen und entdecken

Worüber wir staunen
(Max Bolliger)

Dass die Welt hinter den Bergen
nicht zu Ende ist,
dass, was dir im Spiegel begegnet,
du selber bist.
Dass die Erde rund ist und sich dreht,
und dass der Mond,
auch wenn es regnet, am Himmel steht.
Dass die Sonne,
die jetzt bei uns sinkt,
anderen Kindern
guten Morgen winkt.

© Max Bolliger

Wunder
(Gerald Jatzek)

Ein Stamm
mit fünfzehn Ästen
mit fünfhundert Zweigen
mit fünftausend Kirschen
mit fünftausend Kernen.
In jedem Kern
ein Stamm
mit fünfzehn Ästen
mit fünfhundert Zweigen
mit fünftausend Kirschen
mit fünftausend Kernen.
In jedem Kern
ein Stamm.

© Gerald Jatzek

Warum, warum, warum
(Gerald Jatzek)

Warum die Blume blüht?
Warum der Glühwurm glüht?
Warum das Wasser fließt
und sich ins Tal ergießt?
Warum die Feder schwebt?
Warum die Erde bebt?

Warum die Lampe brennt?
Warum der Motor rennt?
Warum die Eisenbahn
nicht aus den Gleisen kann?
Warum das Flugzeug fliegt?
Warum die Waage wiegt?

Eine, zweie, drei,
keine Hexerei.
Warum? Warum? Warum?
Wer nicht fragt, bleibt dumm.

Warum nicht alles glückt?
Warum die Sorge drückt?
Warum es Kriege gibt,
nicht jeder jeden liebt?
Warum man Katzen pflegt?
Warum man Kinder schlägt?

Warum es Winter wird?
Warum der Teich zufriert?
Warum der Mond aufgeht?
Warum die Welt sich dreht
und niemand runterfällt?
Warum man Fragen stellt?

Eine, zweie, drei,
keine Hexerei.
Warum? Warum? Warum?
Wer nicht fragt, bleibt dumm.

© Gerald Jatzek

H Staunen, fragen und entdecken

Wie viel ist ein Glas Honig wert?
Gespräch mit der Bienenkönigin
(Josef Guggenmos)

„Erlauben Sie mir, einen Wunsch zu sagen.
Ich möchte ein Glas Honig haben.

Was kostet's? Ich bin zu zahlen bereit.
Für was Gutes ist mir mein Geld nicht leid."

„Sie wollen was Gutes für Ihr Geld?
Sie kriegen das Beste von der Welt!

Sie kaufen goldenen Sonnenschein,
Sie kaufen pure Gesundheit ein!

Was Bess'res als Honig hat keiner erfunden.
Der Preis? Ich verrechne die Arbeitsstunden.

Zwölftausend Stunden waren zu fliegen,
um so viel Honig zusammenzukriegen.

Ja, meine Leute waren fleißig!
Die Stunde? Ich rechne zwei Euro dreißig.

Nun rechnen Sie sich's selber aus!
27 000 kommen heraus.

27 000 Euro und mehr.
Hier ist die Rechnung, ich bitte sehr!"

© 1998 Beltz & Gelberg in der Verlagsgruppe
Beltz, Weinheim & Basel

Die Tagnachtlampe
(Christian Morgenstern)

Korf erfindet eine Tagnachtlampe,
die, sobald sie angedreht,
selbst den hellsten Tag
in Nacht verwandelt.

H | Staunen, fragen und entdecken

H_2O
(Helmut Zöpfl)

Neulich las ich irgendwo
eine Formel H_2O.
Ich hab Papa drauf befragt,
was das sei. Er hat gesagt:
Pass gut auf und denke nach:

H_2O ist Quelle, Bach,
es ist Fluss, Strom, See und Meer,
trägt die Schiffe kreuz und quer.

Es ist Nebel, Wolken grau,
es ist Regen, Morgentau,
rinnt, strömt, sprudelt, tropft und fließt,
rieselt, plätschert, rauscht und gießt,
brodelt, brandet, wogt und zischt,
reinigt, löscht den Durst, erfrischt.

Mehr wert ist's als Gold und Geld,
ohne es wär's schlecht bestellt.

Es gibt Leben Pflanz' und Tier,
ohne es da könnten wir
nicht einmal drei Tage leben,
es ist Lebenssaft, ist Segen.

Sicher hast du schon entdeckt,
was in dieser Formel steckt,
die so trocken es benennt,
dieses nasse Element.

© Rosenheimer Verlagshaus

The River is Flowing
(Melodie und englischer Text sind mündlich überliefert; indianischer Herkunft)

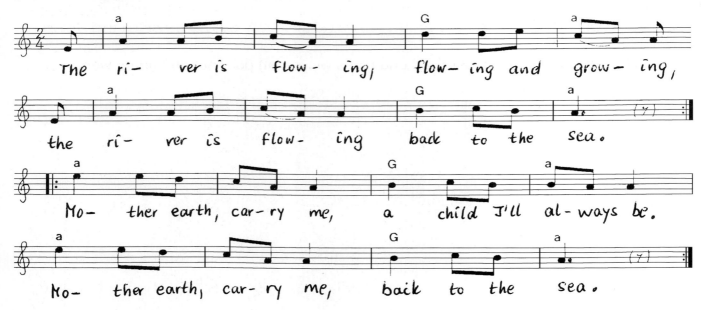

H Staunen, fragen und entdecken 4

Der Regentropfen
(nach Paul Biegel)

Der Regen von gestern schaut genauso aus wie der Regen von heute, aber es sind nicht dieselben Tropfen. Als Kaiser Konstantin sich einmal beim Jagen zum Schutz vor dem Regen unter eine Eiche stellte, fiel ein Tropfen auf einen der untersten Zweige auf ein Blatt. Das war der Tropfen Sba. Sba versuchte sich festzuhalten, aber er war so glatt, dass er abglitt und auf den Boden fiel. Er konnte gerade noch schnell ein wenig über die Erde schauen, die er so gern etwas näher angesehen hätte.
Nun musste Sba 500 Jahre in der Erde sitzen, und darüber war er so wütend, dass er immerzu schrie: „Ich halte es nicht länger aus!" Schließlich war er so tief gesunken, dass er ins Grundwasser kam und zu einer Quelle schwimmen konnte. Er wurde nach oben getragen, gelangte in einen Bach, dann in einen Fluss und schließlich ins Meer.
Da waren so viele seiner Kameraden beisammen, dass Sba ganz nach unten gedrückt wurde und einen Platz auf dem Meeresgrund bekam. Da blieb er auch wieder 500 Jahre und schrie wieder unentwegt: „Ich halte es nicht länger aus!"
Doch dann rutschte er in eine Auster hinein, die von einem Taucher heraufgeholt wurde. Sba konnte gerade noch rechtzeitig hinausspringen und fiel auf die Oberfläche des Meeres. Jetzt begann für ihn eine Reise mit den Wellen über alle Ozeane und durch viele, viele Meeresstraßen. Schaut einmal auf die Karte: Überall, wo es blau ist, ist Sba gewesen. Aber nirgends, wo es grün oder gelb ist, und das war nun gerade das, was er so gern wollte: die Erde sehen.
Eines Tages wurde Sba von einem Matrosen in einem Eimer gefangen und auf das Deck eines Bootes geschüttet. Da lag er platt hingedrückt in der warmen Sonne. Jetzt konnte er sich nicht mehr zusammenhalten. Er wurde Dampf und flog hinauf zu den Wolken. Der Wind trieb die Wolken auf das Land zu, wo sie sich leer regneten.
Das ist noch gar nicht lange her und der erste Tropfen, der dir auf die Nase fiel, das war Sba. Aber du hast ihn von deiner Nase gewischt. Da fiel er auf den Boden und sank in den Grund, und er hatte wieder kaum Zeit, sich die Erde anzuschauen, genauso wie damals bei Kaiser Konstantin.
Jetzt sitzt er wieder drinnen in der Erde und muss wieder ein paar hundert Jahre warten.

| H | Papierschnipsel-Geschichte   AB 1

Lena findet im Papierkorb ein zerrissenes Arbeitsblatt und liest zufällig das Wort „Kribbel-Krabbel". Neugierig holt sie die Schnipsel heraus.

  Schneide die Schnipsel aus und lege sie richtig zusammen.
Kannst du die Geschichte trotz der eingerissenen Ränder lesen?

  Hinweis: Ein Troll kommt in Sagen und Märchen aus Nordeuropa vor.
Er kann groß wie ein Riese oder klein wie ein Zwerg sein.

104

Ute Hoffmann: Die kreative Text-Werkstatt
© Persen Verlag – AAP Lehrerfachverlage GmbH, Buxtehude

| H | Erstaunliche Tiere | AB 2 |

Der Tempotaucher

Ein Eisvogel wiegt gerade mal halb so viel wie ein Apfel, erreicht beim Stoßtauchen ins Wasser aber die Geschwindigkeit eines Autos (nämlich 90 km/h). Er stürzt sich ins Wasser, fängt einen Fisch, taucht wieder auf und braucht dazu insgesamt nur 3 Sekunden.

Dauerflug

- Eine Hummel ist 9 Monate im Jahr unterwegs. Auch bei Regen und Sturm, jeden Tag 18 Stunden lang. Dabei steuert sie mehr als 1000 Blüten an. Das sind dreimal so viele Blüten, wie eine Biene schafft.
- Wissenschaftler haben 20.000 Hummeln markiert und sie in bis zu 15 km Entfernung wieder ausgesetzt. Innerhalb einer Stunde kehrten 9 von 10 Tieren voller Pollen und Nektar wieder zurück.

Das Kraft- und Sehwunder in der Luft

- Ein Steinadler kann für kurze Zeit bis zu 15 kg tragen, er selbst wiegt aber nur bis zu 6½ kg.
- Das Jagdrevier der Steinadler ist so groß wie 6000 Fußballfelder und hat manchmal sogar die doppelte Größe.
- Adler sehen jede noch so kleine Bewegung am Boden. Sie können mit jedem Auge einzeln und auch rundherum sehen. Sie sehen unwahrscheinlich scharf. Ein Mensch mit dem Sehvermögen eines Adlers könnte die Buchstaben in einem Buch erkennen, das 70 m entfernt ist.

 Kaum zu glauben, aber wahr! Kennst du noch andere Beispiele?

Weißt du, wie gut ein Eisbär riechen und wie lange er ohne Nahrung auskommen kann?
Weißt du, wie ein Igel dafür sorgt, dass Pflanzen verbreitet werden?
Weißt du, wie viele Tierarten auf einer ganz normalen Wiese leben?
Weißt du, wie …?

| H | Nicht zu sehen und doch da! | AB 3 |

Seht ihr den Mond dort stehen? –
Er ist nur halb zu sehen
und ist doch rund und schön!
So sind wohl manche Sachen,
die wir getrost belachen,
weil unsre Augen sie nicht sehn.

Aus: Der Mond ist aufgegangen
von Matthias Claudius

Du weißt, dass wir den Mond in klaren Nächten manchmal ganz, manchmal nur halb und manchmal gar nicht sehen. Es gibt so vieles, was unsere Augen nicht sehen, weil es zu klein, zu groß, zu nah, zu weit weg, zu schnell oder zu langsam ist – und doch ist es da.

Was unsere Augen nicht sehen, weil es zu klein ist – drei Beispiele:

- Viele winzige Lebewesen in einem einzigen Wassertropfen

- Was sich unter Steinen, in der Streuschicht und im Boden alles abspielt

- Ganz, ganz kleine Tiere, die zwischen den Sandkörnern am Strand leben

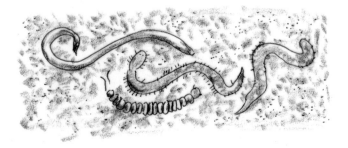

 Sucht gemeinsam weitere Beispiele für etwas, das wir nicht sehen können:
- *die Sonne an einem trüben Tag,*
- *das Raumschiff, das die Erde umkreist,*
- *die Tiere, die unten im Meer leben,*
- *das, was hinter hohen Bergen liegt,*
- *das Tempo von Lichtstrahlen auf dem Weg von der Sonne zur Erde,*
- *das Wachsen einer Blume an einem Tag.*

 Kennt ihr Erfindungen der Menschen, mit deren Hilfe wir etwas sehen können, was wir mit bloßen Augen nicht erkennen können?

I Träumen und wünschen

Der Träumer
(Martin Auer)

Es war einmal ein Mann, der war ein Träumer. Er dachte sich zum Beispiel: „Es muss doch möglich sein, zehntausend Kilometer weit zu sehen." Oder er dachte sich: „Es muss doch möglich sein, Suppe mit der Gabel zu essen." Er dachte: „Es muss doch möglich sein, auf dem eigenen Kopf zu stehen", und er dachte sich: „Es muss doch möglich sein, ohne Angst zu leben."
Die Leute sagten zu ihm: „Das alles geht doch nicht, du bist ein Träumer!" Und sie sagten: „Du musst die Augen aufmachen und die Wirklichkeit akzeptieren!" Und sie sagten: „Es gibt eben Naturgesetze, die lassen sich nicht ändern!" Aber der Mann sagte: „Ich weiß nicht ... Es muss doch möglich sein, unter Wasser zu atmen. Und es muss doch möglich sein, allen zu essen zu geben. Es muss doch möglich sein, dass alle das lernen, was sie wissen wollen. Es muss doch möglich sein, in seinen eigenen Magen zu gucken."
Und die Leute sagten: „Reiß dich zusammen, Mensch, das wird es nie geben. Du kannst nicht einfach sagen: Ich will, und deswegen muss es geschehen. Die Welt ist, wie sie ist, und damit basta!"
Als das Fernsehen erfunden wurde und die Röntgenstrahlen, da konnte der Mann zehntausend Kilometer weit sehen und auch in seinen Magen. Aber niemand sagte zu ihm: „Na gut, du hast ja doch nicht ganz Unrecht gehabt."
Auch nicht, als das Gerätetauchen erfunden wurde, sodass man problemlos unter Wasser atmen konnte. Aber der Mann dachte sich: „Na also. Vielleicht wird es sogar einmal möglich sein, ohne Krieg auszukommen."

© 2000 Beltz & Gelberg in der
Verlagsgruppe Beltz, Weinheim & Basel

Alle Kinder dieser Welt
(James Krüss)

Schlaft, ihr Kinder dieser Erde,
jedem eine gute Nacht.
Träumt, dass alles besser werde,
besser über Nacht.
Träumt, es flögen alle Sorgen
einfach fort mit einem Schlag.
Träumt, es wär der neue Morgen
für die Welt ein neuer Tag.
Morgen soll es Frieden geben.
Morgen soll kein Krieg mehr sein.
Morgen soll das neue Leben
wärmen wie der Sonnenschein.

Morgen sollt ihr nicht mehr zanken.
Morgen sollt ihr glücklich sein.
Morgen reißen wir die Schranken
zwischen Mensch und Menschen ein.
Schlaft, ihr Kinder dieser Erde,
Mondlicht streichelt euer Haar.
Träumt, dass alles besser werde,
manchmal werden Träume wahr.
Schlaft, ihr Kinder dieser Erde,
jedem eine gute Nacht.
Träumt, dass alles besser werde,
besser über Nacht,
besser über Nacht.

© Montana Musikverlag

I Träumen und wünschen

Das Märchen von der roten Blumenblüte

(unbekannter Verfasser)

Eines Tages hörte eine Frau auf dem Heimweg plötzlich eine feine Stimme leise sagen: „Du siehst das Beste nicht." Sie schaute sich um und sah eine kleine Elfe auf einer roten Blume sitzen. „Nimm eine einzige Blüte meiner Blume mit", sagte sie, „und du kannst dir wünschen, was du willst! Nur über Leben und Tod darfst du nicht bestimmen!" Sprach's und war verschwunden. Die Frau wusste nicht, was sie davon halten sollte, und dachte: „Schaden kann mir die Blume bestimmt nicht", und sie nahm eine einzige rote Blüte mit. Zu Hause überlegte sie eine Weile und murmelte dann vor sich hin: „Zur Vorsicht werde ich mir zuerst etwas Einfaches wünschen. Ich wünsche mir ein großes Eis mit Sahne." Kaum hatte sie den Wunsch ausgesprochen – schon stand das Eis vor ihr und sie ließ es sich schmecken. „Das scheint zu funktionieren! Was bin ich nur für ein Glückspilz", dachte die Frau und schon ging es mit dem Wünschen so richtig los:
Sie wünschte sich eine tolle Figur, viele schöne Kleider, Schuhe und Schmuck, ein Haus am Wald mit einem herrlichen Garten, ein Haus in der Stadt, ein neues Auto, eine Menge Geld, Gesundheit, viele Freunde, Reisen in ferne Länder … – und alle Wünsche wurden erfüllt! Sie sprach aber auch Wünsche aus, die sie hinterher bereute: Als ein Baby in der Nähe ihres Hauses schrie, ärgerte sie sich über den Lärm und wünschte es einfach weg. Als Freunde sich darüber ärgerten, dass sie beim Kartenspielen immer gewann, wünschte sie sie zum Teufel. Als sie sich ein neues wunderschönes Gesicht wünschte, erkannte sie niemand mehr. Als sie sich nur noch Sonnenschein wünschte, jammerten die Bauern, weil alles vertrocknete. Und so kam es immer öfter vor, dass sie Wünsche vor sich hin murmelte, die sie wieder zurücknehmen musste.

Nach und nach wurde sie unzufrieden. Sie hatte schon so viele Reisen in andere Länder unternommen, dass ihr das Reisen langweilig wurde. Das Haus war ihr plötzlich zu groß und sie wünschte sich ein kleineres, das kleine Haus passte ihr dann auch nicht und sie wünschte sich wieder ein größeres. In der Stadt war es ihr zu laut und am Waldrand zu leise. Vom vielen guten Essen und Trinken wurde sie dick und sie wünschte sich, wieder dünn zu sein. Und so ging das Ganze hin und her und hin und her.
Die Tage, Wochen und Monate vergingen und sie wünschte, wünschte, wünschte immerzu. Sie hatte kaum noch Zeit zum Schlafen, zum Lesen, zum Feiern, denn sie musste wünschen, wünschen, wünschen. Sie konnte einfach nicht mehr damit aufhören!
Eines Tages sprach sie plötzlich laut vor sich hin: „Ich bekomme zwar alles, was ich haben will, aber ich bin der unglücklichste Mensch auf der Welt. Ich wünsche mir, dass meine Wünsche nicht mehr in Erfüllung gehen."
Von nun an ging sie wieder zur Arbeit, traf sich öfter mit Freunden, machte ab und zu eine Reise, war mal froh und mal traurig, hatte wieder Zeit für sich selbst und war viel zufriedener als zuvor.

I Träumen und wünschen 3

Der kleine Fisch
(Erzählung aus dem Islam)

In einem kleinen Teich, umgeben von Wiesen und Bäumen, lebte ein kleiner Fisch. Schon oft war er in dem kleinen Teich umhergeschwommen und wenn er die Bäume anschaute, die sich im Wasser spiegelten, dachte er bei sich: „Wenn ich doch nur einmal aus diesem Teich heraus könnte! Wie gerne würde ich mir den Wald und die große weite Welt ansehen! Die Vögel haben es gut. Sie können fliegen, wohin sie wollen."
Schon oft war er hochgesprungen, hatte seine kleinen Flossen so schnell er konnte hin- und herbewegt. Aber sie waren nun einmal keine Flügel und deshalb plumpste er immer wieder ins Wasser zurück.
Die Mutter des kleinen Fisches fragte ihn immer wieder: „Warum willst du unseren Teich verlassen? Wir sind Fische und Fische leben im Wasser. Ohne Wasser können wir nicht leben. Willst du denn wirklich dein Leben aufs Spiel setzen?"
„Mutter, du verstehst mich nicht", seufzte der kleine Fisch. „Ich wünsche mir nichts mehr, als ein einziges Mal in meinem Leben durch den Wald zu spazieren. Ich habe nur diesen einen Wunsch!"

Eines Tages zog ein schreckliches Unwetter auf. Der Himmel verdunkelte sich und es goss in Strömen. Nicht allzu lange und aus dem Teich war ein kleiner See geworden. Der kleine Fisch freute sich und dachte: „Wunderbar! Wenn es weiter so regnet, wird alles zu einem großen Teich und ich kann endlich in den Wald."
Und tatsächlich: Es regnete und regnete und regnete und am nächsten Morgen war weit und breit alles überschwemmt. Sofort schwamm der kleine Fisch auf den Wald zu.
„Wie schön es hier ist!", freute er sich.
„Die schönen Blumen, die im Wasser versunken sind, die mächtigen Bäume – alles gefällt mir viel besser als die Wasserpflanzen in unserem Teich. Ich bin der glücklichste Fisch auf der ganzen Welt!"
Plötzlich entdeckte er einen besonders großen Baum, auf dem sehr viele Tiere saßen. Er konnte Hasen, Igel und sogar einen Fuchs erkennen. Er schwamm auf den Baum zu und hörte, wie die Tiere klagten: „Mein Bau ist vollständig zerstört!", jammerte der Fuchs. „Wir haben kein Zuhause mehr!", klagten die Hasen. „Wir finden keine Nahrung und müssen bestimmt verhungern!", seufzten die Igel.
Der kleine Fisch verstand die Welt nicht mehr. Alle jammerten und nur er allein freute sich über diese Überschwemmung! „Hätte es nicht so lange geregnet, wären all diese Tiere nicht so verzweifelt", dachte er.
Nach und nach vertrieben der Wind und die warmen Sonnenstrahlen die Wolken. Das Wasser versickerte und verdampfte. Aufgeregt liefen die Tiere im Wald hin und her. Und der kleine Fisch kam gerade noch in seinen Teich zurück.

I Träumen und wünschen

Die drei Wünsche

(Märchen aus Malta)

Ein armer Mann heiratete eine sehr hübsche Frau. Eines Tages unterhielten sich die beiden und erzählten einander, was sie tun würden, wenn sie viel Geld besäßen. „Wäre ich reich", sprach die Frau, „würdest du sehen, wie zufrieden ich wäre." „Ich wäre dann auch zufrieden", sagte der Mann. „Ich wünschte mir, es käme eine Zauberin und gäbe uns alles, was wir haben wollten." Da erschien auf einmal eine schöne Frau und sprach zu ihnen: „Hört, ich bin eine Zauberin. Ich kann euch zwar nicht alles geben, was ihr wollt. Aber die ersten drei Wünsche, die ihr nennt, werden erfüllt. Aber seid vorsichtig und überlegt euch eure Wünsche gut!" Und sie verschwand.

Die beiden waren nun sehr aufgeregt und zerbrachen sich den Kopf, um sich das Schönste und Beste zu wünschen. „Wenn es nach mir ginge", sagte die Frau, „so würde ich mir wünschen, schön, reich und eine Fürstin zu sein." „Aber was nützen dir Schönheit und Reichtum, wenn du krank würdest und in jungen Jahren sterben müsstest?", gab der Mann zu bedenken. „Es wäre besser gewesen, wenn uns die Zauberin zwölf Wünsche gewährt hätte und nicht nur drei", meinte die Frau. „Aber da wir nur drei Wünsche haben", sagte der Mann, „sollten wir nichts übereilen und uns erst morgen früh entscheiden. Jetzt werden wir erst einmal essen."

Die Frau holte ein Stückchen Brot und eine halbe Sardine. Und weil dem Mann schon der Reichtum im Kopf herumspukte und er mit dieser mageren Mahlzeit nicht zufrieden war, sagte er plötzlich: „Wenn ich jetzt eine schöne dicke Wurst hätte, mit welcher Freude würde ich sie essen." Kaum hatte er zu Ende gesprochen, da lag auch schon eine herrlich duftende Wurst vor ihm auf dem Tisch. Als die Frau die Wurst sah, geriet sie in große Wut und begann zu schreien: „Du denkst immer nur ans Essen. Hättest du nicht bis morgen warten können? Dann hätten wir genug Geld gehabt und du hättest dir Würste kaufen können, so viel du nur wolltest!" Und sie jammerte und zankte und schrie, bis der Mann schließlich wütend vom Stuhl aufsprang und rief: „Was hast du nur für eine böse Zunge! Ich wollte, die Wurst würde dir an der Nasenspitze hängen!" Und schon hing die Wurst fest an der Nase der Frau.

Die Frau tat alles, um die Wurst wieder von ihrer Nase wegzubekommen, aber vergeblich! Je mehr sie zog und zerrte, umso länger und dicker wurde die Wurst und umso fester saß sie mitten in ihrem Gesicht. Wie ein Elefant sah die Arme aus und so schön sie vorher gewesen war, so hässlich und abscheulich war sie jetzt! Da brach sie in Tränen aus, lief im Zimmer umher und klagte: „Was für ein Unglück! Was für ein Unglück!" „Hör auf zu jammern", sagte der Mann, „lass uns lieber gemeinsam überlegen, was wir tun können! Am besten, ich wünsche mir sehr viel Geld und wir lassen die Wurst wegoperieren." „Und wenn das nicht geht?", fragte die Frau. „Hör mich an! Lass mich den letzten Wunsch aussprechen, denn sonst springe ich augenblicklich vom Dach herunter und du siehst mich lebend nicht wieder!"

Da der Mann seine Frau liebte, hielt er sie fest und sprach. „Wünsch dir, was du willst, und lass uns danach wieder in Frieden zusammenleben!" Da wischte sich die Frau die Tränen aus den Augen und sagte laut: „Ich wünsche mir, dass die Wurst auf den Tisch fällt." Sofort geschah es und weil ihnen wenigstens die Wurst geblieben war, aßen sie sie gemeinsam auf.

| I | Die drei Wünsche | AB 1 |

Die drei Wünsche

(Märchen aus Malta)

 Findest du die richtige Reihenfolge für die Bilder?
Pass gut auf, denn es sind acht Bilder, aber nur fünf Abschnitte im Text.

a

b

c

d

e

f

g

h

Ute Hoffmann: Die kreative Text-Werkstatt
© Persen Verlag – AAP Lehrerfachverlage GmbH, Buxtehude

Die richtige Reihenfolge lautet: f, c, h, b, g, d, a, e.

I Der erfüllte Wunsch AB 2

 Mache aus dem zweiten Textabschnitt oder aus der ganzen Geschichte einen Comic. Baue darin das Wort „kracks" ein.

Der erfüllte Wunsch
(unbekannter Verfasser)

Es war einmal ein Holzhacker, der bei seiner schweren Arbeit im Wald ganz laut vor sich hinschimpfte. Plötzlich tauchte eine alte Frau auf und sprach: „Du darfst dir etwas wünschen." Ohne zu überlegen, sagte der Mann sofort: „Ich wünsche mir, dass jedes Stück Holz in Stücke zerbricht, wenn ich es nur berühre."

Als der Mann heimkam, setzte er sich vor seinem Haus auf einen Stuhl, der sofort – *kracks* – zusammenbrach. Als er sich Socken aus seinem Schrank holen wollte, brach – *kracks* – der ganze Schrank entzwei. Als er das Brot auf den Tisch legen wollte, stürzte – *kracks* – der ganze Tisch zusammen. Als er sich müde ins Bett legen wollte – *kracks* – fielen die Bretter auseinander und – bums – lag er auf dem Boden. Dabei stieß er gegen eine hölzerne Wand und – *kracks* – fiel das ganze Haus ein und war kaputt.

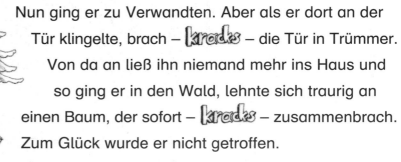

Nun ging er zu Verwandten. Aber als er dort an der Tür klingelte, brach – *kracks* – die Tür in Trümmer. Von da an ließ ihn niemand mehr ins Haus und so ging er in den Wald, lehnte sich traurig an einen Baum, der sofort – *kracks* – zusammenbrach. Zum Glück wurde er nicht getroffen.

Da tauchte die alte Frau wieder auf und sprach: „Du hast dir deinen Wunsch nicht überlegt. Du hast noch einen Wunsch frei, einen einzigen. Überlege gut!" Und schon war sie verschwunden. Der Holzhacker überlegte und sagte dann laut: „Ich wünsche mir, dass mein erster Wunsch aufgehoben wird."
Von nun an konnte er wieder in Frieden leben und arbeiten.

 Erfinde zusätzliche Geräusche, die zu einem Comic passen.
Du kannst an verschiedenen Stellen im Text noch weitere Beispiele einfügen, zum Beispiel:
Er setzte sich auf dem Heimweg auf eine Bank, …
hob einen Zweig auf, …
nahm einen Spaten in die Hand, …
wollte Blumen in die Blumenkästen pflanzen …

Vom Leben auf unserer Erde

Ich weiß einen Stern

(Josef Guggenmos)

Ich weiß einen Stern gar wundersam,
darauf man lachen und weinen kann.
Mit Städten, voll von tausend Dingen,
mit Wäldern, darin die Vögel singen.

Ich weiß einen Stern, drauf Blumen blühn,
drauf herrliche Schiffe durch Meere ziehn.
Er trägt uns, er nährt uns, wir haben ihn gern:
Erde, so heißt unser lieber Stern.

© 2006 Beltz & Gelberg in der Verlagsgruppe
Beltz, Weinheim & Basel

Kleine Erde

(Michael Kumpe)

Die Welt ist groß.
Die Erde ist bloß
ganz klein.
Sieh in den Himmel hinein,
wenn es klar ist und dunkel:
Das Sternengefunkel
erzählt dir von Weiten
und Ewigkeiten.

J — Vom Leben auf unserer Erde

Letzte Warnung
(Christine Nöstlinger)

Werte Erwachsene,
die Maikäfer und die Frösche habt ihr umgebracht,
die Libellen und die Schlangen habt ihr totgemacht.
Um jedes Stückchen Wiese legt ihr einen Zaun,
jedes verwilderte Grundstück müsst ihr verbaun.
Die Eidechsen und die Fischotter sterben aus,
keine Maus, kein Wiesel, keine Ratte, keine Laus
dürfte, wenn es nach euch geht, überleben.
Nur Beton, Stahl und Plastik soll es geben!
Die Luft ist voll Blei, die Wolken sind giftig,
die Vögel verrecken, euch ist das nicht wichtig.
Der Regen ist sauer, im Bach schwimmt Chemie,
die Falter krepieren, so schlimm war's noch nie!
Und ihr seufzt bloß: Es ist alles sehr schwierig!
Ist es aber nicht! Ihr seid bloß unheimlich gierig!
Und hört ihr nicht auf, euch gegen das Leben zu versündigen,
so müssen wir euch leider demnächst entmündigen!

Eure Kinder

© 2000 Beltz & Gelberg in der Verlagsgruppe Beltz, Weinheim & Basel

Abendgebet der Tiere
(Käthe Recheis)

Lieber Gott
du hast den Menschen erschaffen
als dein Ebenbild
so sagen sie
verzeih
wenn wir das nicht verstehen
wir, das vernunftlose Vieh
wie sie uns nennen
wurden doch auch von dir erschaffen
aber was tun sie mit uns
die Menschen
und was machen sie aus deiner Erde?

Lieber Gott
kannst du sie nicht neu erschaffen
und dir ein wenig ähnlicher machen
ein wenig nur
ein klein wenig nur
oder, wenn das zu viel verlangt ist

sie daran erinnern
– was sie vergessen haben –
dass auch wir deine Geschöpfe sind
sonst ist bald
kein Platz mehr
für uns
auf dieser
deiner Erde
das kannst du doch nicht wollen
lieber Gott?

© Käthe Recheis

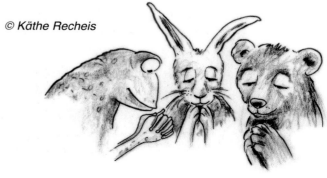

Vom Leben auf unserer Erde

Als die Tiere verschwanden

(unbekannter Verfasser)

Im Herbst war es soweit: Die Tiere hatten endgültig genug! Ihr Präsident, ein 198 Jahre alter Schildkröterich, grübelte schon 50 Jahre lang über eine Lösung nach.
Dann war sein Entschluss gefasst. Er rief seinen Sekretär, den Papagei, und diktierte ihm einen Aufruf.

In Windeseile erfuhren die Tiere aller Erdteile davon, auch da, wo sich Fuchs und Hase gute Nacht sagen. Die Schwalben brachten die Nachricht von Afrika nach Europa. Die Kamele sprachen darüber in den Oasen, die Delfine trugen die Botschaft durch die sieben Weltmeere und die Spatzen pfiffen die Neuigkeit von allen Dächern:

An alle Tiere!

Seit Jahrzehnten schon besteht der Plan der Tiere, den Planeten Erde zu verlassen.
Die Menschen haben die Leoparden ausgerottet, weil deren Fell schöner war als ihres! Sie haben die Elefanten umgebracht, um aus den Stoßzähnen Reiseandenken zu schnitzen! Sie haben uns gefangen, um uns dann in Safariparks frei laufen zu lassen! Sie haben die Luft und das Wasser verpestet, sodass wir alle kaum mehr leben können! Allenfalls unsere Ratten können so viel aushalten wie der Mensch.
Jedes Jahr sterben viele Tierarten durch die Schuld des Menschen aus.
Und es wird noch schlimmer kommen! Deshalb meine ich: Für uns ist kein Platz mehr auf dieser Erde!
Ich habe ein Raumschiff besorgt, das uns zum Mars oder auf einen anderen Himmelskörper fliegen wird.
Noch schlechter als bei den Menschen auf dieser Erde kann es nirgendwo sein.
Abflug am Donnerstag um vier!

Euer Freund und Präsident!

Vom Leben auf unserer Erde 3.2

Die Tiere folgten dem Aufruf des klugen Schildkröterichs unverzüglich.
Die Vögel sammelten sich zu Schwärmen. Karawanen von Nashörnern und Nilpferden, Katzen und Kamelen, Igeln und Elchen zogen über die Landstraßen und durch die Städte. Aber die Menschen in ihrer Eile bemerkten nichts davon. Und wenn doch jemand die endlosen Kolonnen von Tieren sah, schüttelte er nur verwundert den Kopf.

Alles klappte wie geplant. Pünktlich am Donnerstag schlossen sich bei Einbruch der Dunkelheit die Luken des Raumschiffs und der Pandabär zündete die Triebwerke. Da zischte der Rauch aus der Rakete, das Raumschiff began auf seinem Feuerstrahl zu schweben, wurde schneller und schneller und schoss schließlich ins All: Die Tiere hatten die Erde verlassen!

Es dauerte drei Wochen, bis den Menschen so richtig klar wurde, was geschehen war. „Im Supermarkt gibt es keine Hähnchen mehr", berichtete eine Mutter fassungslos, „und das Fleisch wird immer knapper!"
An fast jedem Baum hingen Zettel: „Wellensittich entflogen" – „Hund entlaufen" – „Schildkröte verirrt" – „Goldhamster verschwunden" – „Hohe Belohnung!"
Die Fangflotten auf den Meeren kamen ohne Fische zurück. Die Ärzte waren verzweifelt, weil sie keine Versuchstiere mehr hatten und sie die neuen Medikamente gleich an den Menschen ausprobieren mussten. Die Feinschmecker jammerten, weil es keine Schildkrötensuppe mehr gab. Andere Menschen stöhnten, weil sie keine Schnitzel mit Pommes frites mehr zu essen bekamen, die Kinder waren traurig, weil ihre Haustiere verschwunden waren, und und und …

Detektive wurden ausgesandt und die Polizei auf der ganzen Welt suchte mit Flugzeugen, Hubschraubern und U-Booten nach den verschwundenen Tieren. Lautsprecherwagen rollten durch die Wälder und Städte und Satelliten funkten folgende Nachricht ins All:

+ + + Liebe Tiere, wo seid ihr? Kommt doch bitte zurück, wir brauchen euch! + + +

J Vom Leben auf unserer Erde 3.3

Aber die Menschen erhielten keine Antwort.
Die Zeitungsleute sammelten und sichteten alle Spuren und Hinweise. Sie befragten die wenigen Augenzeugen, denen die wandernden Karawanen aufgefallen waren; sie arbeiteten sich durch die Berichte der Detektive und Polizeibeamten und sie betrachteten die Bilder, die die Weltraumstationen zur Erde schickten.

Nach einiger Zeit hatten die Nachforschungen Erfolg: Im Dezember starteten zehn Reporter und Kameraleute eine Expedition zum Mars. Einen Monat später sendeten alle Fernsehstationen auf der ganzen Welt ein Interview, das die Reporter mit dem Präsidenten der ausgewanderten Tiere auf dem Mars geführt hatten:

Reporter: „Herr Präsident, seit einem Jahr leben die Tiere ohne die Menschen. Wie geht es ihnen?"
Präsident: „Glänzend."
Reporter: „Wann kommen die Tiere zurück auf die Erde?"
Präsident: „Niemals."
Reporter: „Aber die Menschen brauchen die Tiere doch!"
Präsident: „Ja, aber nur, damit wir ihnen Fleisch und Wolle geben!
Damit sie jemanden haben, den sie herumkommandieren können!
Damit sie uns jagen und hetzen und uns das Fell über die Ohren ziehen!
Und damit sie an uns Geld verdienen können!
Nein, nein, nein, die Zeiten sind ein für alle Mal vorbei."
Reporter: „Ehrlich! Die Erde ist so traurig und so leer ohne die Tiere!"
Präsident: „Solange wir noch bei euch lebten, habt ihr so getan, als wärt nur ihr allein wichtig und wir nicht. Und jetzt seid ihr allein!"
Reporter: „Ja, es ist furchtbar für uns, wenn in den Bäumen keine Vögel mehr zwitschern und die Wälder totenstill bleiben. In der Nacht hören wir keine Katze mehr miauen und wenn die Sonne aufgeht, kräht kein Hahn.
Gibt es denn für uns Menschen keine Hoffnung mehr?"

Da überlegte der Präsident lange und sagte:
„Wir älteren Tiere haben von euch endgültig genug.
Aber unsere Kinder kennen euch ja nicht so gut wie wir.
Und vielleicht werden eure Kinder die Tiere besser verstehen und höher schätzen als ihr ...
Dann könnte es geschehen, dass unsere Nachkommen einen neuen Anfang versuchen.
Mal sehen – warten wir's ab!"

Das Große Barriere-Riff (The Great Barrier Reef)

Ein Riff ist wie ein Gebirge im Meer; es entsteht durch Korallen: Wenn Korallen sterben, bleibt eine Hülle, ein Kalkskelett, zurück, wodurch das Riff weiterwächst. Dabei entstehen Risse, Vertiefungen, Löcher und Höhlen, in denen Tiere leben und Unterschlupf finden können. Das Große Barriere-Riff liegt vor der Ostküste Australiens und ist das größte lebende Korallenriff der Erde, das gewaltigste Bauwerk, das Tiere je geschaffen haben. Es besteht aus 3000 Einzelriffen und über 900 Inseln. Astronauten können es vom Weltraum aus mit dem bloßen Auge entdecken. Es entstand vor einigen Millionen Jahren, ist mehr als 2000 Kilometer lang und reicht, auf der Küstenseite, bis in eine Tiefe von 300 Metern. Zum Pazifischen Ozean hin sind es sogar bis 1500 Meter und mehr.

Im Riff leben viele verschiedene Tiere, ganz besondere, riesengroße, aber auch winzig kleine: Zackenbarsche, so groß wie Autos, denen Putzerfische ins Maul schwimmen, 50 Kilogramm schwere Büffelkopf-Papageifische und Walhaie, die bis zu 14 Meter lang sind und etwa so viel wie 160 Menschen wiegen. Dazu gibt es Koffer-, Igel-, Schmetterlings- und Clownfische, leuchtende Kraken mit so biegsamen Körpern, dass sie sich in eine Flasche zwängen können, Riesenmuscheln mit einer bunt getüpfelten, lederartigen Haut, deren Schalen 240 Kilogramm wiegen und die ihre zwei Schalenhälften wie ein Burgtor öffnen und schließen können, und außerdem Seeschildkröten, Seegurken, Seeanemonen, Seesterne ...

Insgesamt sind es über 14.000 verschiedene Tierarten, darunter etwa 4000 Weichtier-, 2000 Fisch- und 400 verschiedene Korallenarten.

Korallen haben ganz unterschiedliche Formen: Weil einige wie Blumen ausschauen, werden Korallen auch Blumentiere genannt. Andere sehen wie Pilze, Bäume, Farne, Kugeln, Geweihe, Schirme, Schüsseln, Orgelpfeifen oder Salatköpfe aus und manche erreichen einen Durchmesser von bis zu einem Meter.

Und erst die Farben! Es gibt Hunderte von Farbtönen: Von Braun, Zitronengelb, Oliv, Smaragdgrün, Königsblau bis zu einem leuchtenden Rot – und das alles noch in ganz unterschiedlichen Mustern.

Wegen der vielen Formen und Farben hat das Große Barriere-Riff von den Menschen verschiedene Namen bekommen: märchenhafte Unterwasserwelt, Regenbogenwelt unter Wasser, bunte Stadt, lebendige bunte Wiese, Unterwassergarten, Zaubergarten, Paradies, Weltwunder, das größte lebende Ding der Welt, Zauberkosmos, Paradies des Meeres, Welt der Blumentiere, Fantasiewelt, zauberhafte Korallenstadt, Naturwunder ...

Lies den Text und schreibe dir ein paar wichtige, ganz kurze Fragen auf:
Was ist ein Riff? Wo liegt es? Wie groß ist es? Welche Tiere gibt es? Wie schwer sind sie? Wie viele Arten? Was sind Blumentiere? Formen und Farben? Andere Namen für das Riff?
Willst du deine Mitschüler zum Staunen bringen und zum Barriere-Riff – zusammen mit einem Partner oder einer Partnerin – einen kurzen Vortrag halten?

Die Fragen helfen dir beim Zusammenstellen eines Referats.
Die Antworten kannst du dir als Gedankenstütze auf Wortkarten schreiben.
Schaue dir das Riff auch einmal im Internet an.

Im Jahr 2030 — AB 2

Blick in die Zukunft

Wir Menschen erfinden immer wieder etwas Neues. Ein Druck auf den Schalter und das Licht geht an. Ein Druck auf einen Knopf und die Wasch- oder Spülmaschine arbeitet. Mit dem Fuß aufs Gas und das Auto fährt ...
Wir merken eigentlich nur, wenn einmal etwas nicht funktioniert.

Doch was wird in fünf, zehn oder noch mehr Jahren sein? Wie wird es zum Beispiel im Jahr 2030 zugehen? Öffnen sich die Fenster automatisch, wenn gelüftet werden muss?
Spricht der Kühlschrank zu den Menschen und sagt: „Milch einkaufen!"?
Gibt es Autos, die fahren und schwimmen oder fahren und fliegen können?

Forscher entwickeln schon jetzt Autos, Häuser, Kleidung, Roboter ..., die in der Zukunft vielleicht eine Rolle spielen werden. Sie arbeiten zum Beispiel daran, fast alles über die Sprache zu regeln. Dann unterhältst du dich mit den Dingen in deinem Haus oder draußen vor der Tür und die Dinge unterhalten sich mit dir.
Du sagst: „Licht an!" und schon geht das Licht an.
„Rollladen hoch!" und schon ... „Heizung aus!" ...
Roboter putzen, räumen das Zimmer auf, gießen die Blumen ... Sie kochen und das Essen ist genau zu dem Zeitpunkt fertig, den man eingegeben hat.
Und man kann sogar die Mahlzeit, auf die man Appetit hat, einprogrammieren!
Mit einem Handy kann man ein Auto steuern und über das Display lenken, schalten und bremsen.
Es gibt Handschuhe, mit denen man telefonieren kann.
Wir reisen in schwebenden Hotels um die Welt („Aircruises") ...

 Welche Beispiele werden Wirklichkeit? Unterhaltet euch darüber.
(Wir können nur Vermutungen anstellen. Fast jeder von uns würde gerne einmal einen Blick in die Zukunft werfen. Lassen wir uns überraschen!)

 Welche Dinge müssten noch erfunden werden? Was kann man mit ihnen machen? Wie werden sie bedient?

K Kurze Zusatztexte zum Nachdenken und Innehalten (I)

Text 1: Alle und alles gleich?

Stelle dir einmal Folgendes vor:
Alle Babys sehen gleich aus, wachsen gleich schnell und werden gleich groß.
Alle Erwachsenen haben eine helle Haut, schwarze Haare, grüne Augen und sind gleich schwer.
Alle haben denselben Geschmack, tragen dieselbe Kleidung, kaufen dieselben Autos …
Alle sind gute Sportler, aber keiner ist Musiker oder Künstler. Dann …

Text 2: Anders und einmalig

Jeder Mensch ist anders: Es gibt Unterschiede bei der Größe, bei der Augen- und Hautfarbe, beim Gewicht, bei den Eigenschaften und Fähigkeiten …
Ich sehe anders aus als Eva und Michael, spreche eine andere Sprache als Markku, trage andere Kleidung als Marietta, mag andere Musik als Toni, kann etwas anderes besser als Alina, kann etwas anderes gar nicht so gut wie Mirko …
Jeder Mensch ist einmalig, denn mich und dich, meine Mutter und deinen Vater, meinen Freund und deine Freundin … gibt es wirklich nur ein einziges Mal auf der Welt.

Text 3: Mensch, Natur und Umwelt

Immer mehr Menschen erfreuen sich an der Schönheit der Natur.
Immer mehr Menschen bemühen sich darum, die Natur zu erhalten.
Immer mehr Menschen erkennen, wie wichtig der Schutz der Umwelt ist.
Immer mehr Menschen erkennen, dass sie selbst etwas tun müssen.
Doch es gibt auch viele Menschen, die die Schönheit der Natur gar nicht entdecken.
Doch es gibt auch viele Menschen, die die Natur ausbeuten.
Doch es gibt auch viele Menschen, die die Umwelt verschmutzen oder zerstören.
Doch es gibt auch viele Menschen, die meinen, dass nicht sie selbst,
sondern nur die anderen etwas tun müssen.

Text 4: Die Hummel
(unbekannter Verfasser)

Denke bei allem, was du tust, immer an die Hummel! „Es geht nicht!" oder „Ich kann nicht!" – das sollte es nicht geben! Die Hummel hat viel zu kleine Flügel für ihr Gewicht und deshalb ist ihr das Fliegen eigentlich gar nicht möglich.
Die Hummel weiß das aber nicht und fliegt einfach!!!

Text 5: Von den kleinen Dingen
(nach Rainer Maria Rilke)

Die meisten Menschen wissen gar nicht, wie schön die Welt ist und wie viel Pracht sich in den kleinsten Dingen, in irgendeiner Blume, einem Stein, einer Baumhöhle oder einem Birkenblatt offenbart. Die Erwachsenen, die viel zu tun und viele Sorgen haben und sich dabei quälen, verlieren den Blick für diese Reichtümer. Die Kinder aber bemerken und lieben sie.
Und doch wäre es das Schönste, wenn alle Menschen sich wie die Kinder über ein Birkenblatt, eine Pfauenfeder oder eine Schwinge der Nebelkrähe freuen könnten – genauso wie an einem großen Gebirge oder Palast, denn das Kleine ist ebenso wenig klein, wie das Große groß ist.
Es geht eine ewige Schönheit durch die ganze Welt und diese ist über die kleinen und die großen Dinge verteilt.

K Kurze Zusatztexte zum Nachdenken und Innehalten (II)

Text 6: Wasser bedeutet Leben

Ohne Wasser gäbe es auf der Welt kein Leben. Menschen, Tiere und Pflanzen bestehen zu 60 bis 90 Prozent aus Wasser. Ohne Wasser kann ein Mensch nur wenige Tage überleben.
Außerdem ist das Wasser der Lebensraum vieler Tiere und Pflanzen.
Wasser lässt Bäume wachsen, Blumen blühen und es formt Landschaften. Ohne Wasser gäbe es nur Wüsten.
Die Ozeane sind die größten Wasserspeicher der Welt, denn fast 80 Prozent der Erde sind von Wasser bedeckt, wobei das meiste davon aber salzig ist.
Menschen kochen mit Wasser, löschen Feuer damit und bauen Kraftwerke, in denen sie die Kraft des Wassers nützen.
Doch wenn es zu Sturmfluten und Überschwemmungen kommt, kann Wasser auch zerstören und Gefahren und Tod mit sich bringen.
Du kennst das Wasser in der Form von Regen, Nebel, Tau, Schnee, Eis und Dampf.
Du siehst und hörst es in einer Quelle, im Wasserfall, im Bach oder Fluss, im Teich oder See und im Meer.
Du kannst darin baden, dich damit waschen, deinen Durst löschen …
Aber Millionen von Menschen haben kein sauberes Trinkwasser. Sie können nicht einfach den Wasserhahn aufdrehen, denn in vielen Gegenden der Welt müssen Menschen sehr weit laufen, um Wasser zu bekommen – auch die Kinder.
Du kennst den Wasserkreislauf und weißt, dass dabei kein Wasser verloren geht, aber auch kein neues Wasser dazukommt. Wir haben nur dieses eine Wasser auf unserer Erde.
Doch wie gehen wir damit um?

Text 7: Wasser mit allen Sinnen erfahren

Wasser kannst du **sehen:** Es bewegt sich langsam und ruhig oder ganz lebhaft und schnell. Es schaut immer wieder anders aus, je nachdem, ob das Licht darauf fällt, ob es sich bewegt oder nicht. Es kann glasklar, aber auch fast undurchsichtig sein. Es glitzert und wechselt die Farben und sieht blau, türkis oder grün aus.
Wasser kannst du **hören:** Es kann ganz leise und sehr laut sein. Es tröpfelt, plätschert, gluckert, braust und tobt.
Wasser kannst du **fühlen:** Es kann ganz kalt und richtig heiß sein. Es berührt deinen Körper sehr sanft oder auch sehr kräftig.
Wasser kannst du **riechen** und **schmecken:** Es ist ein Unterschied, ob du ein stilles Wasser oder Sprudel, Meerwasser oder Wasser im Schwimmbad in den Mund bekommst. Je nachdem, was mit dem Wasser gemischt wird, schmeckt es süß oder sauer, gut oder nicht so gut.
Wasser **regt die Fantasie an:** Es kommt in vielen Liedern und Musikstücken, auf vielen Bildern und in vielen Geschichten vor, wie zum Beispiel in denen vom Wassermann, von der Meerjungfrau oder von Nixen.
Wenn wir einen einzigen Wassertropfen unter dem Mikroskop anschauen oder ihn auf unterschiedlich gefärbtem Glas mit der Lupe ansehen, zeigt er uns Menschen eine Wunderwelt.
Wolken formen sich zu fantasievollen Gebilden und erzählen uns, wie das Wetter wird.
Hagelkörner hüpfen auf der Straße. Schneeflocken tanzen und wirbeln durch die Luft.
Der Nebel hüllt alles ein. Der Regenbogen zeigt uns die Farben des Lichts …

K Kurze Zusatztexte zum Nachdenken und Innehalten (III)

Text 8: Was meinst du dazu?

Es gibt Länder,
    in denen Menschen nicht genug zu essen haben,
        in denen Menschen mehr als genug zu essen haben,
    in denen sich Menschen nach einem Stück Brot sehnen,
        in denen Menschen ein Stück Brot einfach wegwerfen,
    in denen Menschen verhungern, weil sie gar nichts mehr zu essen haben,
        in denen Menschen hungern, damit sie nicht zu dick werden,
    in denen Getreide als Nahrung fehlt,
        in denen Getreide verfeuert wird, um Strom zu bekommen.

Text 9: Die Wunschliste
(unbekannter Verfasser)

Ein junger Mann hatte einen Traum:
Er betrat einen Laden. Hinter der Ladentheke sah er einen Engel. Hastig fragte er ihn:
„Was verkaufen Sie?" Der Engel gab ihm freundlich zur Antwort: „Alles, was Sie wollen."
Der junge Mann sagte: „Dann hätte ich gerne das Ende aller Kriege auf der Welt, mehr Zeit für die Eltern, damit sie mit ihren Kindern spielen können, genug zu essen für alle, immer mehr Bereitschaft der Menschen, miteinander zu reden und …"
Da fiel ihm der Engel ins Wort und sagte: „Entschuldigen Sie, junger Mann, Sie haben mich falsch verstanden. Wir verkaufen keine Früchte, wir verkaufen den Samen."

Text 10: Afrikanische Weisheit

Viele kleine Leute,	Lots of little people,
die an vielen kleinen Orten	in lots of little places
viele kleine Dinge tun,	doing lots of little things,
können das Gesicht der Welt verändern.	can change the face of the world.

Text 11: Mit der Zeit ist das so eine Sache

Ganz egal, ob du sitzt und dich gar nicht bewegst, ob du schnell rennst, ob du rückwärts oder vorwärts gehst, ob du an die Zukunft oder die Vergangenheit denkst – die Zeit vergeht!
Und wenn du das Wort ZEIT tippst und gerade beim E angekommen bist, gehört das Schreiben des Buchstabens Z schon wieder zur Vergangenheit.
Du kannst die Zeit nicht sehen, nicht riechen, nicht schmecken, nicht fühlen, nicht hören und merkst im Grunde gar nicht, wie sie vergeht.
Du bemerkst sie eigentlich nur, wenn du an sie denkst. Wenn sehr viel (vor allem sehr viel Schönes, Spannendes …) los ist, meinst du, dass die Zeit sehr schnell vergeht. Wenn wenig oder gar nichts (wie zum Beispiel beim Warten) geschieht, kommt es dir so vor, als würde die Zeit überhaupt nicht vorübergehen.
Aber wenn die Menschen sich erinnern und an einen Zeitraum (zum Beispiel an einen Monat) zurückdenken, in dem viel geschehen ist, kommt ihnen diese Zeit lang vor. Ist jedoch ganz wenig passiert, kommt ihnen alles ganz kurz vor.
Und im Laufe der Zeit verändern sich die Menschen, verändert sich die Natur, verändern sich …

Kurze Zusatztexte zum Schmunzeln und Lachen (I) 4

 Hier stehen Witze in deutscher und englischer Sprache, die du lesen, vorlesen oder vorspielen kannst. (Ein gespielter Witz ist ein Sketch.)

„Wo hast du denn eigentlich deine Armbanduhr gelassen?"
„Ach, die geht vor. Die ist sicher schon zu Hause."

"Waiter, what's this fly doing in my alphabet soup?"
"I expect it's learning to read."

„Kannst du mir sagen, wann dein Vater geboren ist?"
„Nein, da war ich noch nicht auf der Welt."

Why does a mother kangaroo hate rain? Because the children have to play inside.

Der schwergewichtige Max und der etwas dünn geratene Stefan sind Freunde.
„Wenn man dich so anschaut", sagt Max, „könnte man meinen, eine Hungersnot sei ausgebrochen."
„Und wenn man dich so anschaut", erwidert Stefan, „meint man, du wärst schuld daran."

Angry teacher: "Why are you so late?" Lazy pupil: "Well, I saw the sign in the street that said: School ahead – go slow!"

„Weshalb kommen Sie zu spät zur Arbeit?", fragt der Chef seinen Angestellten. „Am Lift hing ein Schild: Nur für sechs Personen! Was meinen Sie, wie lange es gedauert hat, bis ich endlich noch fünf Personen zusammen hatte."

"I don't think Mum knows much about children." "Why do you say so?" "Because she always puts me to bed when I'm wide awake and gets me up when I'm sleepy."

Ein Bauer erwischt zwei Kinder auf seinem Kirschbaum und schreit:
„He, ihr beiden, klaut ihr Kirschen?"
„Nein, wir hängen sie auf!"

Ein Löwendompteur sagt zum anderen:
„Jetzt bin ich schon so lange dabei. Aber wenn ich meinen Kopf in den Löwenrachen stecke, habe ich immer noch Angst." „Kann ich gut verstehen", sagt der andere, „ich fürchte mich auch im Dunkeln."

"Sardines are the stupidest fish in the world." "Why do you say that?" "They crawl into cans, lock themselves in, and leave the key on the outside."

An Eskimo mother was sitting in her igloo reading a bedtime story to her small son. "Little Jack Horner sat in a corner …" "Mum," interrupted the boy, "what's a corner?"

Familie Meier sitzt beim Mittagessen. Klein Wolfgang meldet sich schon wieder zu Wort: „Du, Papi!" „Ruhe!", brüllt dieser ihn an. „Wie oft habe ich dir jetzt schon gesagt, dass du beim Essen nicht reden sollst!" Wolfgang gibt keine Silbe mehr von sich. Stumm wie ein Fisch guckt er zu. Nach dem Essen sagt der Vater zu ihm: „So, mein Kleiner, jetzt kannst du wieder reden." „Jetzt ist es leider zu spät", antwortet Wolfgang, „jetzt hast du den Wurm im Salat schon gegessen."

Kurze Zusatztexte zum Schmunzeln und Lachen (II)

Frau Regenwurm gibt eine Vermisstenanzeige auf: „Herr Polizist, mein Mann ist vor drei Tagen zum Angeln gegangen und er ist immer noch nicht zurück."

Heiner hat vier Hufeisen gefunden und ist natürlich bester Laune. „Weißt du, was das bedeutet?", fragt er seinen Freund Stefan. „Natürlich", meint Stefan, „irgendwo auf der Welt läuft ein Pferd barfuß herum."

Marco fragt seinen Freund: „Ist es eigentlich wahr, dass schwarze Katzen Unglück bringen, wenn sie einem über den Weg laufen?"
„Ja, schon", meint der Freund, „vor allem, wenn man eine Maus ist."

Familie Hering schwimmt im Meer. Da begegnet ihnen ein U-Boot. Klein Hering versteckt sich ängstlich hinter seiner Mutter. Doch die beruhigt ihn und sagt: „Keine Angst! Das sind nur Menschen in Dosen."

Why do birds fly south in winter? It's too far to walk.

Bei einem Zoobesuch sagt die Mutter besorgt zu ihrer kleinen Tochter, die ganz nah am Löwenkäfig steht: „Geh sofort von dem Löwen weg!"
Da brummt die Kleine: „Aber ich tu ihm doch gar nichts."

Die kleine Eva fragt ihren Vater: „Kennst du den Unterschied zwischen Radio, Fernsehen und Taschengelderhöhung? Was ist dabei anders?" „Das weiß ich nicht."
„Das Radio hört man, das Fernsehen sieht man, aber von einer Taschengelderhöhung hört und sieht man leider überhaupt nichts."

Look at a cow and remember that the greatest scientists have never discovered how to turn grass into milk!

„Ist es nicht ein großes Wunder, dass das Licht in der Sekunde 300.000 Kilometer zurücklegt?" „Ja", sagt Dirk, „und es ist ein noch größeres Wunder, dass es dabei nicht ausgeht."

„Wer kann mir sagen, welches Tier sich am besten zur Nahrung eignet?"
„Das Huhn, Herr Lehrer, man kann es vor seiner Geburt und nach seinem Tod essen."

Ein armer Mann hat kein Zuhause. Er liegt unter einer Brücke und friert. Da erscheint ihm eine gute Fee und sagt: „Du hast einen Wunsch frei." Bescheiden sagt der Arme: „Ach, eigentlich wünsche ich mir nur ein warmes Plätzchen." Es blinkt und schon hält ihm die Fee einen frisch gebackenen Keks vor die Nase.

„Vati, wo sind eigentlich die Mücken im Winter?"
„Keine Ahnung, aber ich wünschte, sie wären da auch im Sommer."

Drowning man: „Help, I can't swim!" Passer-by: "So what? I can't play the piano, but I don't shout about it."

Baby sardine: „Mummy, what's a submarine?" Mother sardine: "It's just a tin of people, darling."

Zwei Eisbären tappen durch die Wüste. „Hier muss es aber spiegelglatt sein", meint der eine. „Warum?", fragt der andere. „Was meinst du wohl, warum hier so viel Sand gestreut worden ist?"

Quellenverzeichnis

Agostinelli, Maria Enrica
(übersetzt von Elisabeth Borchers)
- Der eine groß, der andere klein (S. 88) aus: Maria Enrica Agostinelli: „Der eine groß, der andere klein"
H. Ellermann Verlag, München 1970

Andersen, Hans Christian
- Das Märchen vom Wassertropfen (S. 104) aus: „Sämtliche Märchen", Albatros im Patmos Verlag, Düsseldorf 2003

Auer, Martin
- Der Träumer (S. 107) aus:
Martin Auer: „Der seltsame Krieg"
© 2000 Beltz & Gelberg in der Verlagsgruppe Beltz, Weinheim & Basel

Biegel, Paul
- Der Regentropfen (S. 103) aus:
Paul Biegel: „Das Schlüsselkraut"
C. Bertelsmann Verlag, München o. J.

Blum, Lisa-Marie
- Elvira ist prima (S. 89) aus: Hans-Joachim Gelberg (Hrsg.): „Überall und neben dir"
© 1986 Beltz & Gelberg in der Verlagsgruppe Beltz, Weinheim & Basel

Bolliger, Max
- Worüber wir staunen (S. 100) aus: Max Bolliger: „Weißt du, warum wir lachen und weinen?"
Verlag Ernst Kaufmann, Lahr 1977
© Max Bolliger

Brecht, Bertolt
- Über die Berge. Der 13. Januar (S. 74) aus: Bertolt Brecht: „ Werke. Große kommentierte Berliner und Frankfurter Ausgabe, Band 15: Gedichte 5"
© Suhrkamp Verlag, Frankfurt am Main 1993

Brüder Grimm
- Der alte Großvater und der Enkel (S. 96)
- Der alte Sultan (S. 97, 98)
- Der Fuchs und die Gänse (S. 72)
- Die Scholle (S. 93) aus: „Märchen der Brüder Grimm"
Droemersche Verlagsanstalt, München 1954

Busch, Wilhelm
- Hund und Katze (S. 62) aus:
„Sämtliche Werke", Bertelsmann Verlag, München 1982

Claudius, Matthias
- Der Mond ist aufgegangen (S. 106) aus: „Gedichte und Prosa", Insel Verlag, Frankfurt 2009

Ekker, Ernst A.
- Bissige Wörter (S. 80) aus: Georg Bydlinski (Hrsg.): „Der neue Wünschelbaum. Gedichte für Kinder und ihre Erwachsenen"
Dachs Verlag, Wien 1999

Fallersleben, August Heinrich Hoffmann von
- Vom Schlaraffenland (S. 78) aus: Margret Rettich (Hrsg.): „Kindergedichte", Otto Maier Verlag, Ravensburg 1972

Ferra-Mikura, Vera
- Hört einmal zu (S. 56) aus: Vera Ferra-Mikura/ Romulus Candea: „Meine Kuh trägt himmelblaue Socken"
© 1975 by Verlag Jungbrunnen Wien

Grosche, Erwin
- Ganz neue Fische (S. 56) aus: Erwin Grosche: „König bin ich gerne. Geschichten und Gedichte für Kinder"
© 2006 cbj Verlag, München, in der Verlagsgruppe Random House GmbH

Guggenmos, Josef
- Briefwechsel zwischen Erna und der Maus (S. 95)
- Wie viel ist ein Glas Honig wert? (S. 101) aus: Josef Guggenmos: „Was denkt die Maus am Donnerstag?"
© 1998 Beltz & Gelberg in der Verlagsgruppe Beltz, Weinheim & Basel
- Für mich allein (S. 54) aus: Hans-Joachim Gelberg (Hrsg.): „Wie man Berge versetzt"
Beltz & Gelberg, Weinheim & Basel 1981
© Therese Guggenmos
- Der Auerhahn (S. 55)
- Ich weiß einen Stern (S. 113) aus: Josef Guggenmos: „Groß ist die Welt"
© 2006 Beltz & Gelberg in der Verlagsgruppe Beltz, Weinheim & Basel

Harranth, Wolf
- Drei Finken (S. 63) aus: Hans-Joachim Gelberg (Hrsg.): „Überall und neben dir"
© 1986 Beltz & Gelberg in der Verlagsgruppe Beltz, Weinheim & Basel

Quellenverzeichnis

Hohler, Franz
- Die blaue Amsel (S. 89) aus: Hans-Joachim Gelberg (Hrsg.): „Was für ein Glück"
  Beltz & Gelberg, Weinheim & Basel 1991
  © Franz Hohler

Jatzek, Gerald
- Warum, warum, warum (S. 100)
- Wunder (S. 100) aus: Georg Bydlinski (Hrsg.): „Der neue Wünschelbaum. Gedichte für Kinder und ihre Erwachsenen"
  Dachs Verlag, Wien 1999
  © Gerald Jatzek

Kästner, Erich
- Das Märchen vom Glück (S. 60) aus: „Der tägliche Kram"
  © Atrium Verlag Zürich, 1948, und Thomas Kästner

Kruse, Max
- Ohne Titel (S. 88) aus: Max Kruse: „Windkinder"
  Verlag Ensslin & Laiblin, Reutlingen 1968
  © Arena Verlag

Krüss, James
- Alle Kinder dieser Welt (S. 107) aus: „Die Blumen blühn überall gleich"
  © Montana Musikverlag

Kumpe, Michael
- Kleine Erde (S. 113) aus: Dietrich Steinwede/Sabine Ruprecht (Hrsg.): „Vorlesebuch Religion. Band 3"
  Ernst Kaufmann Verlag, Lahr 1976 und 1983

Kunert, Günter
- Leute (S. 94) aus: Günter Kunert: „Jeder Wunsch ein Treffer"
  G. Middelhauve, Velber/Hannover 1976

Lengren, Zbigniew (übersetzt von James Krüss)
- Grau und rot (S. 88) aus: Zbigniew Lengren: „Schwarze, weiße und gestreifte Kinder"
  Kinderbuchverlag, Berlin 1958

Morgenstern, Christian
- Die Tagnachtlampe (S. 101)
- Die Vogelscheuche (S. 73) aus: „Gesammelte Werke", Piper Verlag, München 1965

Nöstlinger, Christine
- Letzte Warnung (S. 114) aus: Hans-Joachim Gelberg (Hrsg.): „Großer Ozean"
  © 2000 Beltz & Gelberg in der Verlagsgruppe Beltz, Weinheim & Basel

Recheis, Käthe
- Abendgebet der Tiere (S. 114) aus: Georg Bydlinski (Hrsg.): „Der neue Wünschelbaum. Gedichte für Kinder und ihre Erwachsenen"
  Dachs Verlag, Wien 1999
  © Käthe Recheis

Reding, Josef
- Friede (S. 80) aus: Dietrich Steinwede/Sabine Ruprecht (Hrsg.): „Vorlesebuch Religion. Band 3"
  Ernst Kaufmann Verlag, Lahr 1976 und 1983
  © Josef Reding, Dortmund

Rilke, Rainer Maria
- Von den kleinen Dingen (S. 120)

Ringelnatz, Joachim
- Sehnsucht (S. 58) aus: Walter Pape (Hrsg.): „Gesamtwerk in sieben Bänden", Diogenes Verlag, Zürich 1994
- Das Samenkorn (S. 92) aus: „Die besten Gedichte von Joachim Ringelnatz"
  marixverlag, Wiesbaden 2005

Ruck-Pauquet, Gina
- Im Viertelland (S. 90) aus: Dietrich Steinwede/Sabine Ruprecht (Hrsg.): „Vorlesebuch Religion. Band 3"
  Ernst Kaufmann Verlag, Lahr 1976 und 1983
  © Gina Ruck-Pauquet

Schnurre, Rainer
- Kinder (S. 52) aus: Helmut Zöpfl: „Die schönsten Kindergedichte"
  W. Ludwig Verlag, Pfaffenhofen 1979
  © Rainer Schnurre

Stiemert, Elisabeth
- Von dem Jungen, vor dem alle Angst hatten (S. 67) aus: Elisabeth Stiemert/Delia Helias (Hrsg.): „Sammelsuse und 20 andere Vorlesegeschichten"
  Stalling, Oldenburg 1974
  © Elisabeth Stiemert

Quellenverzeichnis

Spohn Jürgen
- Kindergedicht (S. 74) aus: Hans-Joachim Gelberg (Hrsg.): „Geh und spiel mit dem Riesen" Beltz & Gelberg, Weinheim & Basel 1971
  © Barbara Spohn 1992

Tolstoi, Leo
- Der Alte (S. 92)
- Der alte Fischer (S. 71)
- Der Dieb (S. 79)
- Der Eindringling (S. 68)
- Die drei Söhne (S. 96)
  aus: Leo Tolstoi: „Die Brüder des Zaren", Bertelsmann, Gütersloh 1964

Travaglini, Dolores
- Tatanka, der kleine Indianer (S. 69)
  aus: Dolores Travaglini: „… da fällt herab ein Träumelein" Auer Verlag, Donauwörth, 2. Auflage 1969

Wittkamp, Frantz
- Warum sich Raben streiten (S. 80)
  aus: Hans-Joachim Gelberg (Hrsg.): „Überall und neben dir"
  © 1986 Beltz & Gelberg in der Verlagsgruppe Beltz, Weinheim & Basel

Zöpfl, Helmut
- H_2O (S. 102)
  aus: Helmut Zöpfl: „Du bist einmalig" (ISBN: 978-3-475-52521-6)
  © Rosenheimer Verlagshaus

Volksgut, unbekannte Verfasser
- Als die Tiere verschwanden (S. 115)
- Angst (S. 68)
- Blacky und Bianca (S. 70)
- Das bin doch ich (S. 94)
- Das Echo (S. 81)
- Das Märchen von der roten Blumenblüte (S. 108)
- Der arme Schneider (S. 77)
- Der erfüllte Wunsch (S. 112)
- Der wilde Garten (S. 55)
- Die beiden Fuhrleute (S. 86, 87)
- Die Hummel (S. 120)
- Die Wunschliste (S. 122)
- Glühwürmchen (S. 67)
- Herr Böse und Herr Streit (S. 81)
- Ich bau mir ein Nest (S. 52)
- The river is flowing (Text/Lied überliefert; S. 102)

Weitere Märchen, Fabeln und Erzählungen
- Die drei Wünsche (Märchen aus Malta; S. 111)
- Der Esel und das Pferd (Äsop; S. 63)
- Der Glanz des Goldes (Märchen aus Indien; S. 76)
- Der Hund und der Hahn (Äsop; S. 99)
- Der kleine Fisch (Erzählung aus dem Islam; S. 109)
- Der kranke Spatz (Märchen aus Russland; S. 82)
- Der Prinz sucht einen Freund (Arabisches Volksmärchen; S. 75)
- Der Tempel der tausend Spiegel (Märchen aus dem Orient; S. 65)
- Glück (Clemens Brentano; S. 61)
- Streit (Ludwig Aurbacher; S. 86, 87)
- Streit der Wölfe (Indianermärchen; S. 83)
- Von der besten und der schlechtesten Sache der Welt (Erzählung aus Kuba; S. 53)
- Von der Gans, die goldene Eier legte (Äsop; S. 76)
- Von der Stadtmaus und der Feldmaus (Martin Luther; S. 77)
- Was das Glück hindert (Chinesische Erzählung; S. 61)

Sprache und Literatur neu entdecken!

Ute Hoffmann
Die kreative Fabel-Werkstatt

Ein Fundus von über 50 Texten

Nichts fasziniert Kinder mehr als Märchen und Fabeln! So fällt auch das eigene kreative Schreiben umso leichter. Die Kinder lesen und vergleichen Fabeln, finden die Lehren heraus und schreiben die Texte um oder erfinden eigene. Am Computer können sie ihre Texte fantasievoll gestalten und sie dann ihren Mitschülern vorstellen. Die Arbeitsblätter enthalten zahlreiche Querverweise auf weitere Aufgaben, die sich zur intensiveren Beschäftigung mit dem Thema anbieten.
Schöpfen Sie aus frischen Ideen rund um die Fabel!

Buch, 130 Seiten, DIN A4
3. bis 4. Klasse
Best.-Nr. 3721

Edmund Wild
66-mal selber dichten

Frei nach Busch, Brecht & Co.

Mit Gedichten unterrichten! Dichter wie James Krüss, Bertolt Brecht und Paul Maar inspirieren mit ihren Gedichten die Kinder zu eigenen witzigen, nachdenklichen oder verrückten Texten. auf 66 Kopiervorlagen können die Schülerinnen und Schüler Sprache entdecken und kreativ mit ihr experimentieren. Mit eigenen Bildern und Collagen versehen und zu einem Buch gebunden entstehen so die originellsten Gedichtbände.
So machen Sie Lust auf Gedichte!

Buch, 84 Seiten, DIN A4
1. bis 4. Klasse
Best.-Nr. 3639

Ute Hoffmann
Die kreative Märchen-Werkstatt
Mit Kopiervorlagen

Hier finden Sie frische Ideen zu mehr als 40 Märchen. Neben Märchen aus anderen Ländern, von erstaunlichen Tieren, von magischen Dingen oder Märchen, die einmal ganz anders erzählt werden, bietet die Werkstatt jede Menge Aufgaben für die Schüler/-innen. So können sie sich z.B. mit den Merkmalen und Bauplänen von Märchen beschäftigen, erfinden Briefe und Telefonate dazu, malen und gestalten, schreiben selbst Märchen, versetzen sie in die heutige Zeit oder spielen sie einfach vor.
Ein reich bestückter Märchen-Fundus zum Kennenlernen, Umschreiben, Knobeln, Präsentieren und mehr!

Buch, 122 Seiten, DIN A4
3. und 4. Klasse
Best.-Nr. 3497

Ute Hoffmann
Vom Gedicht zum Dichten
Lyrische Texte kennenlernen, gestalten und selber schreiben

Mit diesen Gedichten und differenzierten Schreibaufgaben führen Sie Ihre Schülerinnen und Schüler Schritt für Schritt an das Schreiben eigener Gedichte heran. Die Kinder lesen Gedichte zu unterschiedlichen Themen aus der Vergangenheit und der Gegenwart, lernen in einem kleinen „Dichter-Kurs", worauf es beim kreativen Schreiben ankommt, und haben Spaß am Experimentieren mit Sprache. Dabei bekommen sie jede Menge Tipps und Tricks an die Hand – auch für die Gestaltung und die gelungene Präsentation ihrer Texte. Nebenbei dichten sie in anderen Sprachen, nutzen den Computer und rätseln und knobeln.

Aus dem Inhalt:
Gedichte lesen und kennenlernen:
Tierisches zum Schmunzeln und Nachdenken, Traum und Fantasie, Aus der Pflanzenwelt, Wetter-Cocktail
Gedichte schreiben und (um-)gestalten:
Abc und Buchstabengedichte, Kleiner Dichter-Kurs, Ideenspeicher, Gedichte vortragen
Damit bringen Sie Ihre Schüler zum Dichten und Denken!

Buch, 128 Seiten, DIN A4
3. und 4. Klasse
Best.-Nr. 3346

Unser Bestellservice:

Das komplette Verlagsprogramm finden Sie in unserem Online-Shop unter

www.persen.de

Bei Fragen hilft Ihnen unser Kundenservice gerne weiter.

Deutschland: 0 41 61/7 49 60-40 · Schweiz: 052/366 53 54 · Österreich: 0 72 30/2 00 11